"一带一路"列国人物传系

总主编◎王 丽

埃及名人传

The Legend of the People along the Belt and Road

FAMOUS NAMES OF EGYPT

主编◎唐得阳 王志芳

当代世界出版社

THE CONTEMPORARY WORLD PRESS

图书在版编目（CIP）数据

埃及名人传 / 王丽主编；唐得阳，王志芳分册主编 . -- 北京：当代世界出版社，2023.10

（"一带一路"列国人物传系）

ISBN 978-7-5090-1765-4

Ⅰ . ①埃… Ⅱ . ①王… ②唐… ③王… Ⅲ . ①人物－列传－埃及 Ⅳ . ① K834.11

中国国家版本馆 CIP 数据核字 (2023) 第 178189 号

书　　名："一带一路"列国人物传系·埃及名人传
监　　制：吕　辉
责任编辑：李丽丽
封面设计：三味书屋
出版发行：当代世界出版社
地　　址：北京市东城区地安门东大街70–9号
邮　　编：100009
邮　　箱：ddsjchubanshe@163.com
编务电话：(010) 83908410–806
发行电话：(010) 83908410–812
　　　　　13601274970　18611107149　13521909533
经　　销：新华书店
印　　刷：北京中科印刷有限公司
开　　本：880毫米×1230毫米　　1/32
印　　张：6.875
字　　数：120千字
版　　次：2023年10月第1版
印　　次：2023年10月第1次
书　　号：ISBN 978-7-5090-1765-4
定　　价：42.00元

如发现印装质量问题，请与承印厂联系调换。

《"一带一路"列国人物传系》编辑委员会

总　序
群星闪耀"一带一路"

2013 年 9 月 7 日，中国国家主席习近平在哈萨克斯坦纳扎尔巴耶夫大学发表演讲，以博古通今的睿智对大学生们娓娓道来丝绸之路古老而年轻的故事。

"2100 多年前，中国汉代的张骞肩负和平友好使命，两次出使中亚，开启了中国同中亚各国友好交往的大门，开辟出一条横贯东西、连接欧亚的丝绸之路。

我的家乡陕西，就位于古丝绸之路的起点。站在这里，回首历史，我仿佛听到了山间回荡的声声驼铃，看到了大漠飘飞的袅袅孤烟。这一切，让我感到十分亲切。

哈萨克斯坦这片土地，是古丝绸之路经过的地方，曾经为沟通东西方文明，促进不同民族、不同文化相互交流和合作作出过重要贡献。东西方使节、商队、游客、学者、工匠川流不息，沿途各国互通有无、互学互鉴，共同推动了人类文明进步。"[1]

---

[1]　《习近平谈治国理政》，北京：外文出版社，2014 年 10 月第 1 版，第 287 页。

"不同种族、不同信仰、不同文化背景的国家完全可以共享和平、共同发展。这是古丝绸之路留给我们的宝贵启示","为了使我们欧亚各国经济联系更加紧密、相互合作更加深入、发展空间更加广阔,我们可以用创新的合作模式,共同建设'丝绸之路经济带'"。[1]

推己及人,高瞻远瞩,引领时代,习近平主席在阿斯塔纳[2]通过哈萨克斯坦人民,首次向世界发出了让古老的丝路精神再次焕发青春和光彩的时代宣言。

2013年10月3日,习近平主席在印度尼西亚国会发表了题为《携手建设中国—东盟命运共同体》的演讲,首次向世界发出共建21世纪海上丝绸之路的倡议。

"东南亚地区自古以来就是'海上丝绸之路'的重要枢纽,中国愿同东盟国家加强海上合作,使用好中国政府设立的中国—东盟海上合作基金,发展好海洋合作伙伴关系,共同建设21世纪'海上丝绸之路'","发挥各自优势,实现多元共生、包容共进,共同造福于本地区人民和世界各国人民"。[3]

这个倡议和9月7日的演讲异曲同工、遥相呼应、互为

---

[1] 《习近平谈治国理政》,北京:外文出版社,2014年10月第1版,第287页。

[2] 哈萨克斯坦首都,2019年3月改名为努尔苏丹。

[3] 《习近平谈治国理政》,北京:外文出版社,2014年10月第1版,第293-295页。

映衬，完整地提出了"丝绸之路经济带"和"21世纪海上丝绸之路"的宏伟构想。

从广袤的亚欧腹地哈萨克斯坦到风光旖旎的印度尼西亚，习近平主席提出的"丝绸之路经济带"和"21世纪海上丝绸之路"吸引了世界各国的目光。从2013年9月至2016年8月，习近平主席出访37个国家（亚洲18国、欧洲9国、非洲3国、拉美4国、大洋洲3国），对"一带一路"倡议的总体框架和基本内涵做了充分阐述。和平合作、开放包容、互学互鉴、互利共赢的丝路精神，共商、共建、共享的治理理念，驱散了"去全球化"的阴霾，为增长乏力的世界经济注入新的动能。各国纷纷将本国经济发展与中国政府制定的《推动共建丝绸之路经济带和21世纪海上丝绸之路的愿景与行动》规划相对接。"一带一路"倡导的政策沟通、设施联通、贸易畅通、资金融通、民心相通，正在以基础设施、经贸合作、产业投资、能源资源、金融支撑、人文交流、生态环保、海洋合作等为载体和依托，在全球掀起了投资兴业、互联互通、技术创新、产能合作的新势头。2016年中国牵头成立有57个成员国加入的亚洲基础设施投资银行（AIIB），截至2018年12月19日成员总数增至93个，在13个国家开展35个项目。孟加拉配电系统升级扩容项目、印尼全国棚户区改造项目、巴基斯坦国家高速公路项目和塔吉克斯坦杜尚别至乌兹别克斯坦道路改造项目已经获得亚投行融资支持,共商共建共享成为现实。

"一带一路"倡议得到国际社会的积极响应。2016年11月17日,第71届联合国大会193个成员国一致赞同,通过了第A/71/9号决议,欢迎"一带一路"倡议,敦促各方通过参与"一带一路"倡议,促进阿富汗及地区经济发展,呼吁国际社会为开展"一带一路"建设提供安全环境保障。2017年3月17日,联合国安理会一致通过第2344号决议,呼吁国际社会凝聚援助阿富汗共识,通过"一带一路"建设等加强区域经济合作,敦促各方为"一带一路"建设提供安全环境保障。

2017年1月,习近平主席在联合国日内瓦总部发表题为《共同构建人类命运共同体》的重要演讲,全面深入系统阐述人类命运共同体重大理念,为解决全球性挑战提出中国方案,在国际上引起热烈共鸣,受到各方普遍欢迎和高度评价。3月23日,联合国人权理事会第34次会议通过关于"经济、社会、文化权利"和"粮食权"两个决议,决议明确表示支持"构建人类命运共同体"。这是人类命运共同体理念首次载入联合国人权理事会决议,标志着这一理念成为国际人权话语体系的重要组成部分。

"一带一路"不是中国的独角戏,是与亚、欧、非洲及世界各国共同奏响的交响乐。中国恪守联合国宪章宗旨和原则,坚持开放合作、和谐包容、政策沟通,培育政治互信,建立合作共识，协调发展战略，促进贸易便利化及多边合作体制机制。中国携手 100 多个国家和地区，依托国际大通道，以陆上沿线中心城市为支撑，以重点经贸产业园区为合作平台，共同打造的新亚欧大陆桥、中蒙俄、中国—中亚—西亚、中巴、孟中印缅、中国—中南半岛等国际经济合作走廊进展顺利，中欧班列在贸易畅通上动力强劲、风景亮丽；以海上重点港口为节点，共同建设通畅安全高效的运输通道，实现陆海联动，太平洋、印度洋、大西洋上巨轮往来频繁，互通有无。亚太经合组织、亚欧会议、大湄公河次区域合作的有关决议和文件，都体现了"一带一路"建设内容。丝路基金、开发性金融、供应链金融汇聚全球财富，建设绿色、健康、智慧、和平的丝绸之路，增进各国民众福祉。

"一带一路"是人类历史上前所未有的宏伟蓝图，也是横跨亚非欧连接世界各国的暖心红线。丝绸之路经济带包括中国经中亚、俄罗斯至欧洲（波罗的海）、中国经中亚、西亚至波斯湾、地中海，中国至东南亚、南亚、印度洋；21 世纪海上丝绸之路包括从中国沿海港口过南海到印度洋再延伸至欧洲和南太平洋。一路驼铃声声、舟楫相望，互通有无、友好交往。

在新的时代，在创新古老丝路精神的伟大进程中，习近平主席专门缅怀丝路开拓者，特意致敬古丝路精神奠基人：

"我们的祖先在大漠戈壁上'驰命走驿，不绝于时月'，在汪洋大海中'云帆高张，昼夜星驰'，走在了古代世界各民族友好交往的前列。甘英、郑和、伊本·白图泰是我们熟悉的中阿交流友好使者。丝绸之路把中国的造纸术、火药、印刷术、指南针经阿拉伯地区传播到欧洲，又把阿拉伯的天文、历法、医药介绍到中国，在文明交流互鉴史上写下了重要篇章。

"千百年来，丝绸之路承载的和平合作、开放包容、互学互鉴、互利共赢精神薪火相传。"[1]

这种吃水不忘挖井人的情怀，再次展现了中华民族不忘历史、纪念先贤、展望未来的优秀文化基因，也为中国传记文学学会参加"一带一路"建设指明了方向和道路。

在古老的丝绸之路上，我们不曾相忘：张骞出使西域到过的世界上最大的内陆国家哈萨克斯坦、山高水长的好邻居巴基斯坦、横跨欧亚大陆的俄罗斯、草原之国蒙古国、喜马拉雅浮世天堂尼泊尔、菩提恒河保佑之国印度、文化瑰宝伊朗、首创法典之国伊拉克、红海门户也门、石油王国沙特阿拉伯、波斯湾明珠巴林、雪松之国黎巴嫩、海湾之秀科威特、沙漠之巅阿联酋、半岛明珠卡塔尔、霍尔木兹海峡守门人阿曼、

---

[1] 习近平：《弘扬丝路精神，深化中阿合作》，2014 年 6 月 5 日，习近平在中—阿合作论坛第六届部长级会议开幕式上的讲话，载《人民日报》，2014 年 6 月 6 日，第 1 版。

万湖之国白俄罗斯、欧亚十字路口土耳其、流着奶和蜜之地以色列、欧洲粮仓乌克兰、亚平宁半岛上的文化巅峰意大利、欧洲屋脊瑞士、玫瑰之国保加利亚、与灵魂对话的思辨之国德意志、欧洲文化殿堂法兰西、欧洲客厅比利时、郁金香之国荷兰、热情如火的西班牙，还有绅士国度英国、北非金字塔之国埃及、非洲屋脊埃塞俄比亚、香草之都马达加斯加，等等。

沿着海上丝绸之路，我们会领略橡胶王国马来西亚、花园国度新加坡、千岛之国菲律宾、赤道翡翠之国印度尼西亚；沿澜沧江一路南下，我们不曾相忘澜湄泽润之国越南、千佛之国泰国、微笑之国柬埔寨、万象之都老挝、印度洋上明珠之国斯里兰卡、印度洋上的明珠和钥匙毛里求斯、堆金积玉之国文莱、追求自由之国东帝汶、印度洋上的世外桃源马尔代夫、骑在羊背上的国家澳大利亚、上帝的后花园新西兰；等等。

"一带一路"沿线国家里，那些千百年来影响了人类与社会发展、国家与民族命运，并与中国曾经有过交往的古今人物，至今还能在教科书、影视剧里看到他们，还能感受到他们在一代又一代年轻人身上所产生的影响和魅力。

当然，对于中国人来说，更为熟悉的是丝绸之路的开拓者。曾记否？丝绸之路开拓者中，有汉武帝和他的使节们，有首开大唐盛世的唐太宗及其臣民，有再续睦邻通商航海路的宋祖朝廷和无数先贤，还有金戈铁马风漫卷的元代人物，一统江山万里帆的明代人物，环球凉热自清浊的清代人物，东西碰撞溅火花的近代人物，还有经受风雨变迁、勇立海国之志的现代人物，更有丝路明珠敦煌莫高窟的守护者，卫国助邻的将军和通司中外的外交家们。当然，数风流人物，还看今朝，我们不能不浓墨重彩地讴歌那些智通商海，投身到新丝路建设中的当代人物。

耕云播雨，香火延续，智慧传承，历史再续！2100 多年的友好交往历史从未隔断，惠及三大洲的中西交流从未停歇，21 世纪的"中国梦"和"世界梦"汇成了人类命运共同体的时代和弦，响彻在"一带一路"辽阔的长空。也正因如此，2017 年 5 月，北京喜迎来自"一带一路"相关国家的元首、政府首脑、前政要、知名企业家和专家学者等各界代表，以及国际组织的负责人等千名领袖，出席第一届"一带一路"国际合作高峰论坛。"千人盛会"共襄"团结互信、平等互利、包容互鉴、合作共赢"[1] 之盛举，共商"造福沿途各国人民的大事业"[2] 之合作共赢大计。这是中华民族和世界历史上都应该铭记的大日子。

以人物传记写作为己任的中国传记文学学会，在"一带

---

[1]　习近平：《弘扬人民友谊，共创美好未来》，2013 年 9 月 7 日，习近平主席在哈萨克斯坦纳扎尔巴耶夫大学的演讲。
[2]　同上。

一路"倡议实施中，肩负"讲好'一带一路'民心相通好故事"的使命和责任，这也是国家赋予我们的根本职责和任务。在中国文学艺术界联合会的领导下，在中国社会科学院国家全球战略智库指导下，中国传记文学学会以赤诚的家国情怀、强烈的时代精神、为人传记的责任担当，在认真调研、周密谋划、精心组织基础上，毅然决定倾注全力组织编写出版《"一带一路"列国人物传系》。此皇皇百卷传系讲述近千名各国人物故事，集数百位专家作家尽心挥毫，夜以继日，……幸得中国民营经济国际合作商会倾力赞助，又得中央文化企业当代世界出版社有限公司出版发行。于是，各位读者得以读到手中的这套活泼而不失厚重、有趣而不失学养的列国人物合传书卷。

孔子曰："仁者，人也。"让各国的先贤智者的思想光辉，照亮我们探索人类未来的道路。

传记明志，落笔为文，是为总序。

中国传记文学学会会长

《"一带一路"列国人物传系》编委会主任　王丽博士

2019 年 3 月 30 日

Introduction:
The Star-studded "Belt and Road"

On September 7, 2013, Chinese President Xi Jinping delivered a speech at Kazakhstan's Nazarbayev University, telling college students the ancient yet up to date stories of the Silk Road with well-versed wisdom.

"More than 2,100 years ago during the Han Dynasty (206 BC-AD 220), a Chinese envoy named Zhang Qian was twice sent to Central Asia on missions of peace and friendship. His journeys opened the door to friendly contacts between China and Central Asian countries, and started the Silk Road linking east and west, Asia and Europe.

Shaanxi, my home province, is right at the starting point of the ancient Silk Road. Today, as I stand here and look back at that history, I seem to hear the camel bells echoing in the mountains and see the wisp of smoke rising from the desert, and this gives me a specially good feeling.

Kazakhstan, located on the ancient Silk Road, has made an important contribution to the exchanges between the Eastern and Western civilizations and the interactions and cooperation between various nations and cultures. This land has borne witness to a steady stream of envoys, caravans, travelers, scholars and artisans traveling between the East and the West. The exchanges and mutual learning thus jointly promoted the progress of human civilization."[1]

"[C]ountries of different races, beliefs and cultural backgrounds are fully able to share peace and development. This is the valuable inspiration we have drawn from the ancient Silk Road," and "[t]o forge closer economic ties, deepen cooperation and expand development space in the Eurasian region, we should take an innovative approach and jointly build an economic belt along the Silk Road." [2]

With caring, vision and leadership, through the people of Kazakhstan in Astana, President Xi Jinping, for the first time, has made a declaration to the world that will rejuvenate the spirit of the ancient Silk Road.

On October 3, 2013, President Xi Jinping gave a speech titled "Work together to build a China-Asean community with a shared future "at the people's Representative Council of Indonesia, proposing to the world to build a 21st Century Maritime Silk Road.

"Southeast Asia has since ancient times been an important hub along the ancient Maritime Silk Road. China will strengthen maritime cooperation with the ASEAN countries, and the China-ASEAN Maritime Cooperation Fund set up by the Chinese government should be used to develop maritime partnership in a joint effort to build the 'Maritime Silk Road' of the 21st century." And "[t]he two sides need to give full rein to our respective strengths to enhance diversity, harmony, inclusiveness and common progress in our region for the benefit of both our people and the people outside the region."[3]

---

[1]　Xi Jinping: The Governance of China. 1st ed., Foreign Languages Press, Beijing, October 2014, p.287.

[2]　Ibid, at 287.

[3]　Xi Jinping: The Governance of China. 1st ed., Foreign Languages Press, Beijing, October 2014, pp.293-295.

This initiative and the speech on September 7 both express the same idea and echo with each other, completing a grand vision of the "Silk Road Economic Belt" and the "21st Century Maritime Silk Road."

From Kazakhstan in the vast Eurasian hinterland to the beautiful scenery of Indonesia, President Xi Jinping's proposed "Silk Road Economic Belt" and "21st Century Maritime Silk Road" have attracted the attention of countries all over the world. From September 2013 to August 2016, President Xi visited 37 countries (18 in Asia, 9 in Europe, 3 in Africa, 4 in Latin America and 3 in Oceania), and fully elaborated on the overall framework and basic connotation of the "Belt and Road" initiative. The Silk Road spirit of peace and cooperation, openness and inclusiveness, mutual learning, and mutual benefit, combined with the idea that projects should be jointly built through consultation to meet the interests of all, dispels the haze of "de-globalization" and injects new kinetic energy into the sluggish growth of the world economy. Many countries have linked up their own economic development to the "Vision and proposed actions outlined on jointly building Silk Road Economic Belt and 21st- Century Maritime Silk Road" proposed by the Chinese government.

The "Belt and Road" initiative advocates policy coordination, facilities connectivity, unimpeded trade, financial integration, and people-to-people bond. With the emphasis on infrastructure build-up, economic and trade cooperation, industrial investment, energy resources development, financial support, people-to-people exchanges, ecological environmental protection, and marine cooperation, the initiative has set off a new momentum in investment, trade activity, technological innovation, and production capacity cooperation in the world. In 2016, China led the establishment of the Asian Infrastructure Investment Bank (AIIB), which was joined by 57 member states. As of Dec 19, 2018, the total number of members increased to 93, and 35 projects had been carried out in 13 countries. The Bangladesh Power Distribution System Upgrade Expansion Project, the Indonesia National Shanty Town Transformation Project, the Pakistan National Highway Project and the Tajikistan Dushanbe-Uzbekistan Border Road Improvement Project have received financial support from the AIIB. The idea of joint project implementation through consultation to meet the interests of all has since turned into reality .

The "Belt and Road" initiative has drawn strong and positive feedback from the international community. On November 17, 2016, the 71st session of the 193 members of the United Nations General Assembly unanimously endorsed the adoption of resolution A/71/9 to welcome the "Belt and Road" proposal, encouraging all of its member states to boost economic development of Afghanistan and the region through participation in the proposed project. In addition, it called on the international community to provide a safe and secure environment for the implementation of the initiative. On March 17, 2017, the United Nations Security Council unanimously adopted resolution NO. 2344, and called on the international community to rally assistance to Afghanistan, and strengthen regional economic cooperation through the "Belt and Road" strategy, etc. It also urged all parties to provide a safe and secured environment for carring out the program.

In January 2017, President Xi Jinping delivered a keynote speech at the United Nations Office at Geneva titled "Work Together to Build a Community of Shared Future for Mankind," comprehensively and systematically elucidated the fundamental idea of a community with a shared future for mankind, and proposed Chinese Solutions to global problems, which echoed enthusiastically in the international community and was widely welcomed and highly applauded by many countries, organizations and political parties. At its 34th meeting, on March 23, the United Nations Human Rights Council adopted two resolutions on "economic, social and cultural rights" and "the right to food," which clearly stated the need to "build a community with a shared future for mankind." This is the first time the concept of a community with a shared future for mankind has been incorporated into a UN Human Rights Council resolution, and it has become an important part of the international human rights discourse system.

The "Belt and Road" is not a solo play by China only, but a symphony played in concert with Asia, Europe, Africa and countries around the world. China abides by the purposes and principles of the UN Charter, advocates openness and cooperation, espouses harmony and inclusiveness, supports policy coordination, fosters political mutual trust, builds consensus on cooperation, coordinates development strategies and promotes trade facilitation and the institutional mechanisms of multilateral cooperation. China has joined hands with more than 100 countries and regions to co- create a new Eurasian continental bridge. This has been accomplished by taking advantage of international transport routes that are supportive of the central cities along the "Belt and Road", and building key economic and trade industrial parks as a platform for cooperation. China-Mongolia-Russia, China-Central Asia-West Asia, China-Pakistan, Bangladesh-China-India-Myanmar, China-Indochina Peninsula and other international economic cooperation corridors are progressing smoothly. China Railway Express accentuates trade and shipping overland between China and Europe with a bright future. Meanwhile, key sea ports also serve as the nodes to jointly build a smooth, safe and efficient transportation network, and hence enables a close connection between land and sea routes. Together with the overland cargo train transportation, the frequent cargo ships sailing on the Pacific, Indian and Atlantic Oceans poses an amazing picture. In summary, the relevant resolutions and documents of the Asia-Pacific Economic Cooperation, the Asia-Europe Meeting, and the Greater Mekong Subregion Economic Cooperation program all embody the "Belt and Road" initiative. By bringing together the world's wealth, Silk Road Fund, development finance, and supply chain finance strive to build a green, healthy, intelligent and peaceful Silk Road, and enhance the well-being of people around the globe.

The "Belt and Road" is a grand blueprint that has never been seen in human history. It is also a warm heart line that connects Asia, Africa and Europe to countries around the world. The Silk Road Economic Belt includes China via Central Asia, Russia to Europe (Baltic Sea), China via Central Asia, West Asia to the Persian Gulf, the Mediterranean Sea, China to Southeast Asia, South Asia, and the Indian Ocean; the 21st Century Maritime Silk Road includes from China's coastal ports to the South China Sea as well as the Indian Ocean that extends to Europe and the South Pacific. Friendly exchanges among countries are just a camel-ride and a boat trip away from each other.

In this new era and the great course of renovating the spirit of the ancient Silk Road, President Xi Jinping dedicated to cherish the pioneers of the Silk Road and particularly pay tribute to the founders of the spirit of the ancient Silk Road:

"In ancient times, our ancestors struggled through deserts and sailed in boundless seas to transport Chinese products to countries overseas, taking a lead in international friendly contact. Along that path, Kan Ying,

Zheng He and Ibn Battuta were all known as envoys of this China-Arab friendship. Through the Silk Road, Chinese inventions like paper-making, gunpowder, printing and the magnetic compass were spread to Europe, and Arabic conceptions like astronomy, the calendar and medicine were introduced to China.

For hundreds of years, the spirit that the Silk Road bears, namely, peace and cooperation, openness and inclusiveness, mutual learning, mutual benefits and win-win results, has lived on through generations."[1]

There is a Chinese saying that when you drink the water, think of those who dug the well. The implication that the Chinese people never forget history is clearly demonstrated in our excellent cultural tradition of commemorating the sages and at the same time looking forward to the future. It also points out the direction and path for the Chinese Biographical Literature Society to participate in the "Belt and Road" initiative.

On the ancient Silk Road, we have never forgotten Zhang Qian's diplomatic missions to the western regions in Han Dynasty that include Kazakhstan, the good neighbor Pakistan with high mountains and beautiful rivers, accrossing Eurasia country Russia, grassland country Mongolia, Himalaya floating paradise Nepal, Bodhi Ganges blessed country India, cultural treasure Iran, the first Codex System member country Iraq, Red Sea gateway Yemen, oil kingdom Saudi Arabia, the Persian Gulf pearl Bahrain, cedar country Lebanon, Gulf Star Kuwait, desert peak UAE, the Peninsula pearl Qatar,and Oman - the gatekeeper

---

[1] Xi Jinping: "Promoting the Silk Road Spirit and Deepening China-Arab Cooperation." Key note speech at the opening ceremony of the 6th Ministerial Meeting of the China-Arab States Cooperation Forum, June 6, 2014, People's Daily, section one.

of Hormuz Strait, thousand-lake country Belarus, Turkey at the Eurasian crossroads, Israel - a land flowing with milk and honey, Ukraine of European granary, Italy - the cultural pinnacle of Apennines, Switzerland on the top of Europe, rose country Bulgaria, and Germany, a nation famous for great thinkers, France, the center of the European culture, the welcoming and comfortable Belgium, tulip country Netherlands, the warm and sunny Spain, as well as the elegant England, pyramid country Egypt in North Africa, Ethiopia on the roof of Africa, the Vanilla Capital country Madagascar, and so on.

Along the Maritime Silk Road, we will come across Malaysia, the country of rubber, garden country Singapore, the Thousand Islands country Philippine, and Indonesia, an emerald on the equator line. Down the Lancang-Mekong River all the way south, we will experience Vietnam whose land moistened by the Lancang-Mekong River, Thailand, the country of thousand Buddhas, the smiling country of Khmer Cambodia, and Laos, the "Land of a Million Elephants." On the Indian Ocean, we will also see the ocean pearl Sri Lanka, the ocean star and key Mauritius, the rich and abundant Brunei, the freedom seeker East Timor, the idyllic Maldives, and Australia, a country on the back of the sheep, New Zealand, the back garden of God, and so on.

In the countries along the Belt and Road, those ancient and modern figures who have influenced human and social development, the destiny of countries and nations for thousands of years, and have had dealings with China are still seen in today's textbooks, movies and television dramas. Their influence and charm are still felt by generations of young people.

Certainly, for the Chinese people, we are more familiar with the pioneers of the Silk Road. Have we ever remembered? Among the trail blazers of the Silk Road were Emperor Wu of Han Dynasty and his envoys, Emperor Li Shimin, the co-founder of the Tang Dynasty that epitomized a golden age and his subjects, the Song imperial court and numerous sages who continued good-neighbor practice and friendly maritime navigation, as well as the Yuan Dynasty warriors who led armored cavalry with shining spears, the Ming Dynasty figures who unified the country, and the Qing Dynasty characters who maintained a clear mind during global turmoil, as well as the modern individuals who, by learning from both the west and the east in a time of rapid change, had the courage to build a sea power nation. There were also the guardians of Dunhuang Mogao Grottoes known as the Silk Road Pearl, the generals who safeguarded the country and helped the neighbors, and the diplomats who convey information and messages between China and foreign countries. Without a doubt, it is our current era that features true heroes. We can not praise highly enough the contemporary people who have been plunging themselves into the development of the new Silk Road.

Hard work pays off, family line continues, wisdom passes on, and history pushes forward! The history of friendly exchanges for more than 2,100 years has never ceased, and traffic between China and the West, which benefits the three continents, has been nonstop. The "Chinese Dream" and "World Dream" in the 21st century have become the chord of our time for humanity's shared future, resounding on the "Belt and Road." For this reason, in May 2017, Beijing welcomed thousands of leaders from all walks of life, including heads of government, former eminent statesmen, well-known entrepreneurs, distinguished experts and scholars from the "Belt and Road" countries, as well as leaders of international organizations to attend the first "Belt and Road" Forum for International Cooperation. This grand event of "Thousands of people's meeting" shared "solidarity, mutual trust, equality, inclusiveness, mutual learning and win-win cooperation"[1] and exchanged views on this "great undertaking benefiting of the people of all countries along the route."[2] This is a big day that should be remembered in the history of the Chinese nation and the world.

In the implementation of the "Belt and Road" initiative, the Chinese Biographical Literature Society that devotes to biography writing, takes as its the mission "telling the good stories" of the "Belt and Road," which is also the responsibility entrusted to us by the state.

Under the leadership of the China Federation of Literary and Art Circles and the guidance of the National Global Strategic Think Tank of the Chinese Academy of Social Sciences, the Chinese Biographical Literature Society, with its love for the family and the nation, a keen spirit of the age and the responsibility of writing decent biographies, by careful research, thorough planning and thoughtful organization, made an unwavering decision to devote itself to organizing and publishing the "The Legend of the People along the Belt and Road nations." These brilliant volumes of biographies tell the stories of nearly a thousand national characters, involving laborious work from hundreds of expert writers who had been writing day and night over last year. Our gratitude extends to China International Chamber of Commerce for the Private Sector for their sponsorship, and Contemporary World Publishing House Co., Ltd., a central state cultural enterprise, for the publication distribution. Thanks to their generosity and effort, readers now have the opportunity to

---

[1] Xi Jinping: "Promote Friendship between Our People and Work Together to Build a Bright Future." Keynote speech at Nazarbayev University in Kazarkhstan, September 7, 2013.

[2] Ibid.

read the vivid yet serious and interesting yet enlightened biographies of outstanding people from many nations.

Confucius said, "Benevolence is the characteristic element of humanity." Let the brilliant ideas of the wise men of all nations light up our path to explore the future of mankind.

The biographies are written for high ideals. Herein is the introduction.

President of the Chinese Biographical Literature Society
Director of the Editorial Board of
"The Legend of the People along the 'Belt and Road'"
Dr. Wang Li
March 30, 2019

目　录

Chapter 09

不屈的战士
——萨达维

Contents

引　言

提到埃及，在人们脑海中挥之不去的就是那一座座神秘庄严的金字塔，那是埃及文明的代表和文化符号，并在世界范围内产生着广泛而深远的影响。在古代技术缺乏的情况下，仅凭人力是如何将它建造而成，至今仍无人能够解答。以金字塔和狮身人面像等为典型代表的古埃及文明，让埃及成为世界各国人民向往的旅游胜地。在古代丝绸之路上，埃及和中国两个文明古国的紧密联系，让我们感到如此亲近。现在，它所展示的古老的埃及文明和神奇的埃及文化，吸引着我们去认识和探究这个历史悠久的国家。

阿拉伯埃及共和国（The Arab Republic of Egypt，简称埃及），位于亚洲、欧洲、非洲的交汇之处，历来地杰人灵。这个古老的国度北濒地中海，东临红海并与巴勒斯坦、以色列接壤，南接苏丹，西邻利比亚。埃及的国土面积达 100.1 万平方千米，但约 95% 为无法居住的沙漠。全长 6700 千米的世界第一长河尼罗河纵贯南北，在埃及境内长达 1530 千米。

埃及人口总数约 1.04 亿（截至 2023 年 4 月），其自然增长率为 19.2‰，死亡率为 5.8‰。埃及是全球第 14 个人口过亿的国家，约有 96% 的人口居住在尼罗河谷和三角洲地区，首都开罗市的人口密度高达每平方千米 2 万人。埃及的国教为伊斯兰教，全国 84% 的人口信仰伊斯兰教逊尼派。

埃及作为一个文明古国，一直受到世界的广泛关注。1999 年 5 月 7 日，一部由美国环球影业出品、以埃及金字塔为主题的冒险电影《木乃伊》（又被译为《盗墓迷城》）在美国公开上映，讲述的是一个关于埃及金字塔的探险故事：据传埃及哈姆纳塔地区的法老墓地中，存有大量奇珍异宝，无数人前去探宝，但生还者寥寥，哈姆纳塔因此成谜。图书管理员伊芙琳偶然得到了一张关于哈姆纳塔的地图，在兴奋之余，决定和哥哥一起考古探险。他们在途中偶遇另外的探险幸存者欧康诺，3 人结伴前行。在经历了惊险的旅途后，伊芙琳一行终于如愿以偿，却不慎解除了一个木乃伊的咒语。这个木乃伊是 3000 年前赛提一世法老的大祭司伊莫，他因重罪被法老下了最严厉的诅咒，并被制作成木乃伊封缄在石棺里。伊芙琳 3 人不慎去除了法老的咒语，唤醒了伊莫的灵魂。拥有无限法力的伊莫苏醒后，能让埃及曾经爆发的瘟疫再次在大地上流行……故事情节因埃及金字塔和法老的神秘背景而跌宕起伏、引人入胜，令观众大呼过瘾。

　　电影在公映后的短短两年内，就接连荣获了奥斯卡金像奖最佳音响奖，英国电影和电视艺术学院奖最佳特效成就奖，以及土星奖最佳化妆、最佳男主角、最佳女主角、最佳导演、最佳服装、最佳特效、最佳配乐、最佳编剧、最佳奇幻电影等大奖，在全世界风靡一时。随后该公司推出《木乃伊归来》，也让世界上的无数观众为之着迷发狂。其实，以埃及和埃及金字塔为主题的电影，像《蝎子王》《第七卷轴》《法老的诅咒》《卢浮宫魅影》《埃及艳后》等在世界各地也大为叫座。埃及和作为古代世界七大奇迹之一的金字塔，历来是世人瞩目的焦点。

　　在埃及，共发现金字塔 110 座，现在的尼罗河下游散布着约 80 座金字塔遗迹。目前保护最好、最著名的金字塔是位于埃及首都开罗郊外吉萨的胡夫金字塔。在英国林肯大教堂（高约 160 米，建于 1072—1092 年间）建成前，它一直被认为是世界上最高的建筑物。胡夫金字塔不仅规模巨大，建筑技巧高超，还藏着许多数字谜题。胡夫金字塔的底部周长除以其高度的两倍，得到的商为 3.14159，这就是圆周率的值，它的精确度远远超过希腊人阿基米德算出的在 223/71 与 22/7 之间的结果，与中国的祖冲之算出的在 3.1415926 和 3.1415927 之间的值十分接近。同时，胡夫金字塔内部的直角三角形厅室，各边之比为 3∶4∶5，是对勾股定理的应用。

这些数字上的"巧合"其实并非偶然，这种数字与建筑之间完美地结合在一起的金字塔现象，是古代埃及人智慧的结晶。

埃及是世界著名的四大文明古国之一，它古老的历史折射着悠久的人类文明。距今9000多年前，人们在尼罗河河谷定居，开始建造房屋，并进行农业和畜牧业生产活动。距今7000多年前，埃及人开始使用铜器，为文明的形成奠定了基础。之后古埃及进入前王朝一期，又称为阿姆拉特时期，在这一时期出现了私有制和阶级萌芽。到前王朝二期，即格尔塞时期，埃及私有制和王权逐步确立，在出土的文物中可以找到象征王权的荷鲁斯鹰神的形象。在格尔塞时期后期，国家出现了，但面积很小，人口也不多。随后国家之间不断征战，逐渐统一成为尼罗河上游河谷地区的上埃及和尼罗河入海口三角洲地区的下埃及两个国家。象形文字也在这一时期出现，并沿用了3500余年。公元前3100年，埃及出现统一的奴隶制国家。公元前2686至前2181年，是埃及的古王国时期。这一时期埃及文化经过一定程度的融合达到历史上的第一个巅峰，尼罗河谷文明（Nile Valley Civilization）进入兴盛。古王国时期埃及的皇城坐落于孟斐斯，左塞尔曾在此建造了他的宫殿。埃及在古王国时期开始大规模地建造金字塔，金字塔在当时被作为法老皇陵。因此，埃及的古王国时期亦被称为"金字塔时期"。

公元前 11 世纪至前 1 世纪，这片土地先后被亚述、波斯、马其顿征服。公元前 30 年，屋大维将埃及划为罗马帝国的一个行省。公元 395 年，罗马帝国分裂，埃及并入东罗马帝国。公元 641 年，阿拉伯人入侵，埃及逐渐成为伊斯兰教的一个重要中心。1517 年，埃及开始受奥斯曼帝国统治。1798—1801 年埃及一度被拿破仑占领。1882 年埃及被英国军队占领，成为英国"保护国"。1922 年 2 月 28 日，英国宣布埃及独立，但仍保留对国防、外交、少数民族等问题的处置权。1952 年 7 月 23 日，以纳赛尔为首的自由军官组织发动政变，并于 1953 年 6 月 18 日废除帝制，成立埃及共和国。2011 年 1 月底，埃及发生大规模反政府示威游行，执政 30 年的穆巴拉克总统辞职。2014 年 1 月，埃及新宪法通过全民公投，5 月底举行总统选举，前军方领导人塞西以 97% 的得票率当选，于 6 月 8 日就任，并成立新一届政府，马哈拉卜留任总理。2015 年 9 月，埃及政府改组，伊斯梅尔出任总理。2016 年 3 月，埃政府再次改组，伊斯梅尔留任总理。2018 年 4 月，塞西在总统选举中以 97.08% 的得票率再次当选，并于 6 月 2 日宣誓就任。同年 6 月，新一届政府成立，马德布利出任总理。

埃及的国徽制定于 1972 年，其核心是一只昂然挺立注视远方的金黄色雄鹰，象征勇敢、胜利和日益丰盈的文明；

它的胸部镶嵌着一枚红、白、黑3色竖纹盾形徽章,象征与穆罕默德相关的库里希部落。鹰爪下的黄色饰匾里,用阿拉伯文书写着国名"阿拉伯埃及共和国"。

埃及的国旗是长方形的,长宽之比为3∶2。旗面自上而下由红、白、黑3个平行相等的长方形组成,中央为国徽图案。红色代表革命和鲜血,白色代表光明的未来,黑色代表受外国压抑的长久历史。埃及国旗于1984年10月4日启用。

埃及是非洲第三大经济体,属开放型市场经济,拥有相对完整的工业、农业和服务业体系。工业以纺织、食品加工等轻工业为主。农村人口占总人口的55%,农业产值占国内生产总值的18%。服务业产值约占国内生产总值的46%。石油天然气、旅游、侨汇和苏伊士运河是四大外汇收入来源。埃及是非洲经济发展较快的国家。2021/2022财年,埃及国内生产总值为3855.8亿美元,经济增长率为6.2%。

埃及同120多个国家和地区有贸易关系,主要贸易伙伴有中国、美国、法国、德国、意大利、英国、日本、沙特、阿联酋等。埃及主要进口商品有机械设备、谷物、电器设备、矿物燃料、塑料及其制品、钢铁及其制品、木及其制品、车辆、动物饲料等。主要出口产品有矿物燃料(原油及其制品)、棉花、陶瓷、纺织服装、铝及其制品、钢铁、谷物和蔬菜,主要销往阿拉伯国家。

　　埃及历史悠久，名胜古迹很多，具有发展旅游业的良好条件，政府也非常重视。主要旅游景点有吉萨金字塔群、狮身人面像、卢克索神庙、阿斯旺高坝、沙姆沙伊赫等。2019年埃及接待了超过1300万游客，旅游收入逾130亿美元。受新冠肺炎疫情影响，2020年埃及旅游业收入为40亿美元，较2019年下降了约70%。2021年埃及旅游业收入为130亿美元。

　　埃及位于欧、亚、非三大洲的交通要冲，他们的民俗文化和风土人情融合了阿拉伯文化和欧洲文化等，所以埃及文化是具有非洲特点的阿拉伯文化，其间夹杂着黎凡特文化的特点，即是法国、希腊、土耳其和叙利亚文化的混合体，别有一番韵味。埃及以阿拉伯语为官方语言，中上层人士则通用英语，法语次之。埃及城市人民的生活因为阶级不同而不同。高中产阶级的生活，与欧美的生活基本没有太大的差别。低产阶级虽然没有享受到这些现代化的生活，但也有他们的小乐趣。

　　埃及人喜吃甜食，他们的主食是一种不用酵母的面包，菜则一般以鸡肉、羊肉、鸭肉、豌豆、洋葱、南瓜、茄子、胡萝卜、土豆等为主。有趣的是，埃及人也喜欢以麻辣出名的川菜。

　　绿色被埃及人视为吉祥色，白色被认为是快乐色。他们把猫看作神圣精灵，十分宠爱，所以如果你在埃及看到了猫，一定要善待之。

埃及奉行独立自主、不结盟政策，主张在相互尊重和不干涉内政的基础上建立国际政治和经济新秩序，加强南北对话和南南合作。埃及积极开展和平外交，致力于加强阿拉伯国家团结合作，推动中东和平进程，关注叙利亚等地区热点问题。埃及反对国际恐怖主义，倡议在中东和非洲地区建立无核武器和其他大规模杀伤性武器区。埃及重视大国外交，巩固同美国、俄罗斯等大国关系，加强同欧盟关系，积极发展同新兴国家关系。在阿盟、非盟、伊斯兰合作组织等国际组织中较为活跃。截至 2023 年 4 月，埃及已与 165 个国家建立了外交关系。埃及担任了联合国安理会 2016 年至 2017 年非常任理事国，是 2019 年非洲联盟轮值主席国。

中国和埃及自 1956 年 5 月 30 日建交以来，关系一直发展顺利。2006 年 5 月，两国外交部建立战略对话机制；6 月，两国签署了关于深化战略合作关系的实施纲要；11 月，埃及宣布承认中国的完全市场经济地位。

自 2007 年 1 月 27 日起，中埃两国互免持中国外交和公务护照、埃及外交和特别护照人员签证。同年 5 月，中国全国人大和埃及人民议会建立定期交流机制。

2008 年以来，两国政府积极推动双方企业扩大经贸合作，双边贸易额呈持续增长态势。

2013 年，中埃贸易额首次突破 100 亿美元，达 102.13 亿美元。2017 年，双边贸易额 108.28 亿美元。我国向埃及主要出口机电产品和纺织服装等，自埃及主要进口原油、液化石油气和农产品等。2018 年，双边贸易额达 138.68 亿美元，埃及自中国进口额为 120.34 亿美元，同比增长 26.2%；向中国出口 18.34 亿美元，同比增长 37.84%。

中埃文教、新闻、科技等领域交流合作活跃。中埃两国于 1956 年正式签署文化合作协定，此后双方共签署 10 个文化合作执行计划。2002 年，中国在埃及建立了中东阿拉伯地区第一个文化中心，双方举办的文化周、电影节、文物展、图片展等丰富多彩的活动，深受两国人民欢迎。2007 年 11 月，北京大学与开罗大学合作成立北非地区第一所孔子学院。2008 年，华北电力大学与苏伊士运河大学合建了埃及第二所孔子学院。截至 2022 年，埃及共开设了四所孔子学院，两个孔子课堂。越来越多的埃及大学开设了中文专业。2019 年 10 月 14 日，埃及文化界人士在埃及开罗中国文化中心座谈时表示，中国社会经济快速发展，让阿拉伯国家同中国的文化交流呈现出新活力。

2013 年习近平主席提出"一带一路"倡议后，埃及塞西总统于 2014 年 12 月对中国进行国事访问，两国建立全面战略伙伴关系；2015 年 6 月 29 日又宣布与中国共同促进"一带一路"经济带的建立和发展。

2016 年 1 月 20 日至 22 日，国家主席习近平对埃及进行国事访问，在开罗库巴宫会见埃及总统塞西。两国元首就中埃双边关系及深化两国各领域合作举行了正式会谈，强调中国与埃及作为全面战略伙伴，近年来双方在各领域的互利合作成果显著。同时，为推动双边关系进一步发展，全面落实两国战略伙伴关系，双方同意并发表了关于加强两国全面战略伙伴关系的五年实施纲要。在习近平主席会见埃及总理伊斯梅尔时，伊斯梅尔表示，埃及珍视同中国的传统友谊，愿意深化同中国各领域合作。埃方支持"一带一路"倡议，愿积极参与相关合作，成为连接中国同欧洲贸易的通道。

2019 年 4 月 25 日，埃及总统塞西访问中国，在与习近平主席会见时表示，埃及愿借鉴中国发展的成功经验，将自身发展同伟大的"一带一路"倡议紧密对接，深化广泛领域合作。近年来，中埃两国政府积极推动双方企业扩大经贸合作，双边贸易额持续保持增长态势。埃及已经成为中国在非洲的第五大贸易伙伴。"一带一路"与"埃及梦"相互碰撞，这两个具有古老文明的国家，在 21 世纪得到了新的交融。埃及与中国的关系自古就十分融洽，这次的合作再一次地唤起了双方的记忆。

　　2022年12月8日，习近平主席在沙特首都利雅得出席中阿峰会期间，会见了埃及总统塞西。两国领导人表示将携手努力，朝着新时代构建中埃命运共同体目标，推动两国全面战略伙伴关系得到新的更大发展。

　　要了解埃及，了解埃及人的聪明智慧，就不能不去探究古老的文明在时间长河中孕育出的无数英杰：从美尼斯的开疆扩土，统一上下埃及，把分裂的领土第一次统一起来，到胡夫法老不朽的奇迹和图特摩斯三世的不断扩张，把埃及从一个地域性的王国第一次变成了地跨亚欧的洲际帝国，再到拉美西斯二世从战争到和平的历史功绩；从纳赛尔借民族独立和解放之东风，吹起民族解放的号角，带领埃及人民反抗殖民者的统治，到萨达维为了争取女性自由，坚持不懈地从生理和精神两个方面呼吁男女平等；从诗心向国的诗人巴鲁迪、浴火重生的诗王邵基，再到享誉世界的大文豪和诺贝尔文学奖获得者侯赛因。回眸凝视，狮身人面像巨大的身躯仿佛在诉说着千年沧海桑田中埃及精英们的事迹和辉煌。通过本书中9个人的故事，我们邀请大家一起走进金字塔之国——埃及。

Chapter

01

不朽的传说

——美尼斯

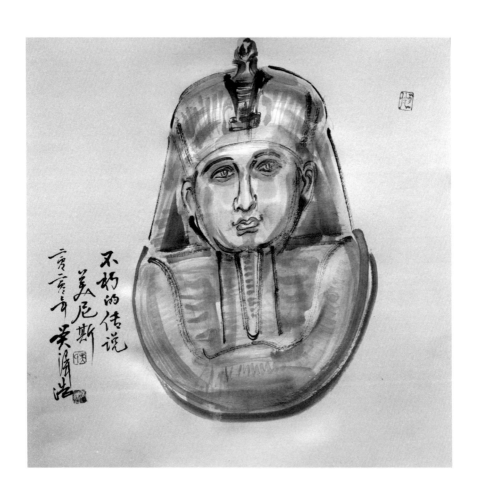

美尼斯（Menes，生卒不详），古埃及第一王朝的开国国王。他统一了上、下埃及，开启了法老统治的时代，建立了在人类文明史上具有长期影响的辉煌王国。

美尼斯出生在上埃及的提尼斯城，曾任该地区部落的首领，后经过不断的征战，约在公元前3100年，征服了下埃及，使整个埃及初步统一成一个国家，开创了古埃及的第一王朝。而他本人称为法老，以后历代的埃及君主也都沿袭法老的称呼。尼罗河被称为埃及的母亲河，美尼斯在尼罗河三角洲南端（今开罗附近）修建了新都白城，即后来的孟斐斯城，作为首都。孟斐斯又被称为"吉加普特"，其意为"普塔神之宫"，埃及的希腊文名称"埃及普托司"由此而来，这也是埃及国家名称的来源。

据说美尼斯在位时间长达62年，虽然因年代久远而留下来的形象十分模糊，但他带来的变化和确立下来的历史是十分明确的——他统一了上、下埃及，使埃及从此作为一个整体屹立在世界历史舞台上，并在以后的3000年中一直引领世界文明的潮流。

埃及统一后，美尼斯曾向外发动征服战争。据历史学家推断，埃及著名的"纳美尔石板"中刻画的征服者可能是美尼斯。

这位伟大法老的死亡却很意外：他是被一头河马害死

的。在一次庆祝征战胜利的打猎中，美尼斯误入一条河，与一头河马相遇，并与之展开了殊死搏斗。最终，美尼斯身受重伤，精疲力竭，死在了河边。

01

古埃及的统一

人类文明的出现多与河流有关。在非洲的尼罗河流域，地形平坦，土地肥沃，早在 1 万年前，人们就开始在这片土地上生活。从自然采集、打猎到自给自足，他们渐渐安定下来，不再那么漂泊无依。原始农业的发展让尼罗河流域的粮食堆积成山，那里的富足远近闻名。生产力的迅速发展使得人口增加，再加上其他民族和部落纷纷来此落脚，尼罗河流域人口迅速膨胀。各民族、各部落之间互相提防又相互帮助，维持着微妙的平衡。

经济的发展导致贫富差距开始出现，有些人财产多得像座小山，有的人温饱都成问题，阶级分化明显。公元前 3500 年左右，随着社会的发展，"国家"作为一个新名词出现，它代表的是统治者的绝对话语权。然而，这时候的埃及还没有出现真正的国家，埃及人民依然过着部落式的生活。不同的部落会有不同的信仰之神,他们都认为自己的神独一无二、无所不能,但又不能说服别的部落信奉自己的神,这也是引发部落之间战争的常见原因之一。

在这片辽阔肥沃的土地上,生活着十几个部落。这些部落被希腊人统称为"诺姆",埃及人自称为"斯帕特",中文译为"州"。这些部落实质上是最早的城邦,他们往往是以一个城市为中心,也就是都城,与周围的一些小村落联合在一起形成的一个小的国家。他们的最高统治者,就是"国王",对内享有最高权力。在这些部落之间,征战接连不断地爆发,在常年的混战中,古埃及逐渐形成两个地域王国,以今天的开罗为界,分别为上埃及和下埃及,上埃及是南方的河谷地带,下埃及则是北方的三角洲地带。

在上埃及,人们认为白色是圣洁的,所以他们推崇白色,统治者头戴白冠,以鹰神荷鲁斯为保护神,以百合花为国家象征。下埃及则更喜欢浓烈的红色,统治者头戴红冠,以蛇为保护神,以蜜蜂为国家象征。

这两个大的地域王国实力相当,都想把对方吞并,常常因一点摩擦就引发战争。上、下埃及混战分裂割据的状态持续了很长时间。正所谓"合久必分,分久必合",长期的分裂让埃及渴望有一个统一的国家。在统一的过程中,有很多人为之做出了不懈的努力,其中蝎子王是我们最先说到的一个。蝎子王是一个英勇善战的首领，也热衷于战事，一生中取得的胜利数不胜数，在埃及统一和日后成为世界第一个帝国的过程中功不可没。一直以来，人们只找到了星点关于蝎子王的记载，所以大部分学者认为蝎子王是一个虚构的神话人物，是古埃及人太过于渴望统一而创造出来的心中的神。然而20世纪末，德国考古研究所的冈特·德赖尔在阿拜多斯王陵发现了一座古墓，古墓中发现了164块邮票大小的骨头和象牙面板，上面刻着简单的图形，他认为这是最早的象形文字，而这个墓的主人正是蝎子王。由于没有直接而确凿的证据，所以他的说法并没有得到考古界的认可。

公元前3100年左右，继承了蝎子王战斗精神、统一了上埃及的美尼斯，发动了大规模的征讨战争。他率领大军北上，统一埃及的信念冲淡了长途行军的疲劳。在战场上，美尼斯用出色的指挥让兵卒充分发挥了他们最大的作用。士兵们众志成城，斗志昂扬，奋力厮杀。经过三天三夜的激战，胜利终于降临。虽然大战后双方伤亡惨重，但胜利的喜悦打破了战争的惨烈和沉闷，美尼斯作为领导人，当之无愧地登上了王位，他成了人类历史上第一位有文字记载的国王。

美尼斯统一了上、下埃及之后，为稳固统治，采取了较灵活的统治策略。首先，他宣布国王即法老，新王朝在下埃及建都，通过将国家的政治军事重心放在下埃及，来加强对下埃及的控制。其次，由于下埃及较为富裕，下埃及的人民对于美尼斯的征服并非没有怨言，所以美尼斯做出了一些让步。依据上、下埃及信仰的神不同，美尼斯在实现统一后分别在上、下埃及加冕，同时具有双重身份，举行两种不同的典礼。为获得下埃及人民的拥护，美尼斯只有在上埃及的时候才宣称自己是上、下埃及的国王，在下埃及时却只说自己是上埃及的国王，并不说是整个埃及的国王，也不标榜自己代表整个埃及。为了尊重下埃及，他表示下埃及人民可以继续信仰自己的保护神。另外，美尼斯针对上、下埃及地区不同的经济发展状况，分别设立了国库，实行独立的财政管理。

他一系列措施，使得下埃及人民放下了心中的戒备，从而接受了他，拥护他的统治。从这里我们可以看出，美尼斯并不是一个只崇尚武力的君主，也有杰出的政治才能。

02

法老文明的诞生

越是历史悠久的遗迹，就越难寻找。在考古学家们坚持不懈的挖掘工作中，阿黛玛遗址的发现或许能够揭开法老文明的神秘面纱。

阿黛玛位于各个绿洲的交叉点，是沙漠中商队首选的歇脚点，这也促成了它的繁荣，是其遗址为什么埋藏着如此多重要线索的原因之一。

来自北美的一位探险家最先造访了这片遗址。他在遗址的西面进行挖掘，很快就发现了一个大型古墓和不远处的建筑群，出土了大量的古物。他将一部分精致的古物卖给了布鲁克林博物馆，而剩下的较为普通的卖给了一个法国古董商，后来这个法国古董商将其给了法国的国家古物博物馆。在当时，这个遗址可能因为出土的文物看上去普通，很快就被人们遗忘了。

直到 20 世纪 70 年代，法国人弗南德·德博诺再次造访这片遗址。在他的挖掘和探索下，30 件雕塑品得以面见世人。而同时他也发现这里的大部分墓穴早已被旁人"光顾"，有价值的物品几乎全部遗失，他失望地离开。

在接下来的 13 年，这片遗址损坏得越来越快。这一时期，考古学家对附近牧民拿着的遗址中的物品进行研究后发现，这些物品的历史在 5000 年以上。很明显，这是一个前王朝时代的遗址。而前王朝的时代，是国家诞生前一个非常重要的酝酿阶段，也是法老文明开始形成的重要时期。这片遗址可能会弥补人们长久以来想要寻找的这个阶段历史所严重缺失的史料。由于这个重大的发现，埃及重点保护了这片遗址，并指定由法国东方考古研究院负责挖掘和研究工作。

从 1989 年起，一支由 20 个人组成的法国考古队接下这项重任，并开始了"持久战"。这片遗址的密集度非常高，这为考古工作者减轻了不少工作量。在最初的 10 年，考古队的主要工作是将成堆的沙子从里面移除，为接下来的工作扫清障碍。他们在这个过程中发现了几千件的物品，而这些物品上也有一些美尼斯王朝的痕迹。比如一个陶片上隐约可见的猎鹰痕迹，而我们都知道猎鹰是后来埃及王朝王权的象征。另外他们在这个陶片上还发现了一个表示"以太阳神之名"的象形符号，这是 3000 多年来法老神化的一个重要证据。很遗憾的是，这个标志位于猎鹰脚下，被称为"serekh"的下半部分缺失了。考古学家推测，这里很有可能写着埃及的一个国王的名字。考古队长说，这是至今发现的前王朝的遗址中最重要的一个。这片被忽视了几千年的遗址，终于发挥了它的重要作用。这支考古队继续着在此地的挖掘和研究工作，在他们的保险库中放着挖掘以来所发现的所有物品，他们渴望奇迹在他们手中诞生。

牛是法老权力的重要象征，从沙堆中发现了一种雕刻比较简单的公牛的陶罐，并不是盛放食物的器皿，在它内部放着一具婴儿尸体。很明显，这是一个另类的棺材。陶罐上面有一些小雕刻，比如有船、持刀小人、羚羊和其他野生动物，还有被驯化的小牛等动物。这些雕刻说明，人们已经意识到动物的作用，有意识地对它们进行驯养，使它们能够更好地为人类服务。有一次，一位考古队工作人员的视线被一只用玛瑙雕刻的蝎子所吸引。这个物品让他们不禁想起了传说中的蝎子王，发现与这个早期王朝的重要人物的相关信息，让他们觉得自己越来越接近某个历史真相。他们对比史书的记载，发现这个遗址与史书的记载有着惊人的相似。陶罐婴棺有5000年以上的历史，与第一个埃及王朝的时间相重合。而代表埃及王权、法老权力的各种雕刻图案让考古队员们不得不去猜想美尼斯王朝存在的巨大的可能性。他们觉得浑身充满了力量，继续挖掘，希望有更多的线索。这时，一块石板上的画作让他们陷入了沉思，这幅画描绘的是一个吞食自己卵的鲈鱼，它的底色是著名的"埃及绿"。他们想到历史上第一个埃及国王美尼斯功绩的一部分也曾经被刻在了这种石板上，这种石板因此被认为是法老权力的标志物。另外在这片遗迹中出土了一串项链，它的巨大价值在于它精美的小珠子雕像，揭示了完整的文字系统在当时已经出现。在这片遗迹中还有木乃伊，他们在残破的、涂满石灰的布条里举着残剩的木棒，考古学家认为这些木棒是后来法老权杖的前身。这些最早的木乃伊被考古学家细心搬运保存。

研究发现，从墓葬的尸骨中提取的组织样本的DNA序列，与次撒哈拉人群人口模型是一致的，这一发现把研究方向确定在了非洲，我们期待已久的法老文明的面纱正在缓缓揭开。

美尼斯的历史真实性

象形文字破译前，人们了解古埃及历史最重要的资料是古典作家的作品。古希腊历史学家希罗多德在《历史》中写道："米恩（美尼斯）是埃及的第一位国王"，他改造了尼罗河河道，建造了都城孟斐斯与神殿。对古埃及历史记载最详细的当属托勒密王朝的祭司曼涅托。他所著的《埃及史》中记述："继亡灵、半神之后的第一个王族，共有8位国王，其中第一位为提斯的美尼斯，统治了62年。"这里同样将美尼斯视为埃及最早的国王。另外更早的新王国时代的两份王表《阿拜多斯王表》《都灵王表》，也将美尼斯视为埃及的首位国王。但是这些历史作品不能排除虚构的成分，在考古证据尚未出现之前，还不能成为定论。

随着考古的深入，一些发现也渐渐地浮出水面。1898年，英国著名的埃及学家奎贝尔在希拉康坡里斯的灰坑中发现了一块用"埃及绿"制作的岩石板，正面刻画了一个头戴上埃及王冠的埃及首领，他率领军队进行战争，视察被斩首的敌人。岩石板的顶部写着他的名字纳美尔（Narmer，也有人译为纳尔迈）。反面的首领则戴着下埃及王冠。根据埃及的历史，专家们推测，这很有可能描绘的是埃及第一位法老率领军队出征，统一上、下埃及的过程，上、下埃及王冠也证明了他的胜利。相继出土的权标头上的蝎子王雕刻，可能说明他是蝎子王的继任者。随后，在埃及各个地方出土的陶片、封印遗物上都发现了纳美尔的名字，甚至在巴勒斯坦南部曾经被埃及人建立贸易点的地方，也出土了刻着纳美尔名字的物品。1986 年，考古学家在阿拜多斯的王墓中发现了重要的证据。他们在第一王朝法老登王墓中发现了一枚印章的封印，在它的上面列举了从纳美尔到登王的 5 位法老的名字，依次为纳美尔、阿哈、哲尔、杰特、登。从这里我们可以看到，第一王朝的第一个法老是纳美尔。1996 年，在第一王朝法老卡阿的陵寝中，考古队员们幸运地发现了另一枚封印，它上面的内容比登王的那枚有所拓展，依次列举了纳美尔、阿哈、哲尔、杰特、登、阿涅杰布、塞迈赫特、卡阿，这枚封印同样说明纳美尔是第一王朝的第一个法老。在 19 世纪末 20 世纪初，阿拜多斯的一系列王墓被发掘，皮特里认为 B18 号墓是神秘的开国法老纳美尔的墓地。然而凯泽的看法与之不同，他认为 B18 和 B17 都是。1973 年德国考古队的发掘证明凯泽的观点是正确的。他们在 B18 和 B17 墓地附近发现了很多有纳美尔名字的印迹和刻字，但这两座坟墓与其他的相比规模不大，所以也有人怀疑这是否是开国法老的坟墓。1998 年德国考古学家德雷弗在位于阿拜多斯的阿哈王坟墓中，发现了关于纳美尔的年鉴板，这个年鉴板是象牙雕刻而成，而且时间更早，这似乎也证明了是纳美尔统一了埃及。

那么为什么各种历史作品说美尼斯统一了埃及，而考古证据都说是纳美尔呢？有学者根据在阿拜多斯的史前墓地发现的陶瓶印记上发现的读音为"mn"的符号，猜测这是美尼斯埃及名的缩写。也有专家认为埃及国王一般会同时拥有多个王名，纳美尔统一了上、下埃及后，使用了美尼斯这个名字，而美尼斯的意思是建立者。这也表明美尼斯可能与埃及王朝的建立有关。至于历史作品中只提美尼斯而不说纳美尔的做法，学者认为，这是误写造成的。纳美尔写为 Narmer，记载很有可能因时间过长导致字迹模糊，人们错误的将 Narmer 誊写为 Mernar，慢慢地就成了美尼斯。也有学者认为美尼斯更能体现第一位法老统一上、下埃及的巨大成就，所以在编撰王表之际，便用了美尼斯这个名字，或许这就是美尼斯与纳美尔纠缠不清的由来吧。

在历史的长河中，很多真相被掩埋，我们只能通过现有记载一步一步推测，再在出土的文物中不断佐证推测的正确性。历史考古的魅力也正在于此，不断地找寻、猜测和证明，揭开一个又一个谜团。美尼斯已经不是狭义上的王名，正如它在埃及语中的意思"建立者"，更多的是一个符号，是埃及第一个王朝建立者的代名词。美尼斯，这个埃及王国的建立者，法老的开创者，他统一上、下埃及的千古功绩被后人铭记在心。

最大金字塔的主人

——胡夫

一片看不到边际的沙漠，只有太阳火辣辣地炙烤着这片土地。热，是唯一的感受。在不远处有密密麻麻的人群，摩肩接踵地做些什么。拉近视角，一个个皮肤黝黑、身体干瘦的成年男子，在搬动着巨大的石块，汗如雨下，却没人顾得上擦拭。他们根据自己的特长被分工，有的负责搬运石块，有的负责切割、打磨石块，还有心灵手巧的，则负责雕刻等工作。

一个巨大的、三角形的建筑在他们的忙碌中渐渐成形，矗立在沙漠之中，有些突兀，却掩盖不住它的雄伟。这座让几十万劳工耗费心血的建筑，是为古埃及第四王朝的法老胡夫修建的陵墓。胡夫的金字塔至今仍然矗立着，是吉萨金字塔群中最壮观的那一座。胡夫是首个在吉萨地区修建金字塔的法老。他先后用了30年时间，才建成了这座大金字塔。

胡夫（Khufu，公元前2598—前2566年在位），全名胡尼胡夫，古埃及第四王朝第二位法老，希腊人称他为奇阿普斯。他曾经远征过西奈半岛和努比亚。在西奈半岛的铜矿和绿松石矿区瓦迪·马格哈提的岩石浮雕上保存了那次远征获胜的情况，在阿布·辛拜勒西北的努比亚闪长岩矿坑中也发现了胡夫的名字。

胡夫在他的统治时期之内，创新了洪水泛滥的治理方法，加强了法老对国家的控制，扩展了先祖们创建的帝国。胡夫的统治时期是古埃及的一个盛世，胡夫也是一个不断创造奇迹的国王。他是少有的肯扮作乞丐等角色深入人民生活的王子；他是罕见的在危难时刻到灾难第一线和民众一起抗灾的国王；他是稀有的可以坚守底线保持清廉的法老；而他创造的最大的奇迹、也是让他遭受骂名的是，他建立了胡夫金字塔。这个无法被后人解开的建筑之谜，是他奴役人民的证据，也是他留给全人类最宝贵的财富，是古代文明的结晶。斯人已逝，功过是非，自在人心。

踏上王座的阶梯

　　清晨的埃及，总是透露着一点散漫。天空中的云朵慵懒地飘浮着，很长时间才舍得挪动一下自己肥硕的身躯；山坡上的动物心不在焉地吃着"早餐"，悠闲地甩着尾巴；还在家里睡觉的人们则睁开惺忪的睡眼，打着大大的哈欠，开始活动。慢慢地，一切热闹了起来，很多人匆匆地收拾好东西开始一天的劳作。一切都充满了新的希望。

　　胡夫名字的意思是"赫努姆神保护我"，他的诞生给人丁单薄的埃及王室带来了新生力量，长辈们开心地为这个孩子取名，为他规划好未来的日子，可以说胡夫是这个王朝的新希望。

小王子胡夫从小就被父亲斯尼夫鲁（Snefru，古埃及第四王朝第一位法老）当作继承人培养。作为斯尼夫鲁法老和海特裴莉斯一世王后的儿子，胡夫接受了很好的教育。在胡夫5岁时候，他的父亲，一代英明的君王，就为他请来了埃及最好的老师。这位老师也对胡夫寄予厚望，他把自己所有的知识毫无保留地传授给了小胡夫。

他的父亲一直都是一个优秀的法老，让胡夫很是崇敬。胡夫小的时候经常想是不是帮父亲分担一些事务，父亲就不会那么忙了，就有时间来陪自己了？于是他努力地学习，希望自己可以帮到父亲。而王子不仅意味着是荣誉，也意味着担当使命，甚至需要在危险的时候冲在前面。

当时王室成员认为自己身份尊贵，不断地欺压百姓，搞得民不聊生，而权臣倾轧和常年的战乱也导致法老的威信不断下降。看到这些，胡夫心里很是着急。早在做王子的时候，胡夫对国家的动荡不安，特别是王室成员专权的祸害已有深刻的认识。为此，胡夫选拔一些亲信守卫都城，另外，还想收拾几个出格的王室成员，打击一下他们嚣张的气焰。但是他毕竟没有多少政治经验，这一举动非但没有使情况变好，反而打草惊蛇。一些感觉自己处于危机状态的王室成员先发制人，联合起来准备扳倒胡夫。这一事件让胡夫认识到了自己能力的不足，但是他并没有被吓倒，他利用继承人的权利开始做出有力的反击。他以雷霆之势去除部分贵族势力，对其他贵族造成威慑，迫使他们收敛自己的行为。一时之间，那些联合起来发难的王室成员人人自危，社会风气也在胡夫的治理下得到了很大的改善。

这些经历让胡夫更加成熟，他学会了收敛锋芒。胡夫有很强的责任感，他不会轻易放下自己该做的事务去做别的事情。如果今天没有处理完政务，他就会一直工作，哪怕熬夜也要完成，所以经常可以看到他的黑眼圈。胡夫对私下里官员们为了讨好王室成员而不断送来各种奇珍异宝的行为深恶痛绝。当有官员讨好他时，他会严词拒绝，更加厌恶这个官员。因为身处权力的中心，胡夫更能感受特权带来的危害，但是他没有像之前那样冲动，他选择了冷静和忍耐。

为了更深入地了解百姓的生活，胡夫向父亲请求出去体验民情。他轻装简行，一个人掩藏身份到处游历。有一天，他来到了一个陌生的地方，这里和繁华的城市形成了明显的对比。他看到一个个衣衫褴褛的饥民饿得皮包骨头，有些人已经没有力气站起来。他们没有家，没有土地，只有流浪与饥饿。从小锦衣玉食的胡夫被眼前的景象触动了，他从来没有想过原来这个世界还有这样的一群人。这让他更加深入地了解到百姓的生存状态，认识到土地是平民生存的基础。他们的粮食从土地产出，他们的房屋在土地上建起。如果没有土地，他们就是没有根的草，到处流浪，直至死亡。后来胡夫制定为百姓解决居所和食物的措施，他不想再看到这样的景象。

体察民情的胡夫来到了一个小村庄，发现家家户户紧闭门窗，几乎很少有人在外面行走，他感到很奇怪。这时有个好心的老人说："小伙子，这里很危险，到处都是盗贼，你穿得挺好，还是赶紧离开吧。"下一个村庄也是同样的情形。胡夫换了一身乞丐的衣服，希望能够打听更多的消息。果然，乞丐的身份让他得到了很多消息，他把打听到的盗贼名单一一地记录下来。回到宫内，胡夫根据盗贼的情况，制定了有效的措施。他认为严酷的刑法并不能根除这类现象，更多的要以德感化他们，让他们从思想上意识到自己的错误。胡夫推行"宽严并治"和"以德治盗"的方法，双管齐下，盗贼横行的现象得到了明显的改善。

胡夫意识到教育和培养人才的重要性，他鼓励人们接受教育。他利用国家庞大的财政基础来建立学校，为埃及人民提供接受教育的条件。

他拥有出色的推断能力，经常翻出长久不能解决的悬疑案件，用缜密的思维、严密的推理对案件进行反复的甄别审查，常常能指出真正的凶手，并绳之以法。

胡夫并没有因为自己是王子，是一个合法的继承人就放纵自己，他能够认识到自己的不足，努力地学习如何做一个更好的继承人。他在做王子时期，就已经功绩显著，更难得的是他愿意放下身段，深入埃及人民的生活中，感受他们最真实的生存状态。一个 3000 年前养尊处优的王子，愿意扮作乞丐体察民情，在后世几千年的王权社会也很罕见，但是胡夫做到了，这也是他的伟大之处。

挥戈征战，开辟疆域

胡夫在 20 多岁时继承了法老王位，依据都灵王表的记载，他统治了埃及约 23 年。

胡夫一手拿着代表法老权力的权杖，头上戴着王冠，坐上了高位，听着大臣们的汇报。自从埃及强大起来，鲜少有战争发生，目前埃及的领土确实可以继续扩大一点，胡夫想。只是他需要思考，何时才是最好的时机。胡夫想了一会对大臣们说："先祖不断远征，才有了今天的埃及，我作为他们的后辈，怎么可以辜负他们的希望，停步不前？过段时间我亲自率领军队远征。"

出征的那天，阳光明媚，胡夫身着金光闪闪的一身铠甲，坐在精致的战车上。他高举权杖，身后数不清的将士高呼，如雷霆之势。他带领着军队在沙漠里穿行，到达远征的目的地。他眼里是掩饰不住的狂热，觉得自己的血液都在沸腾，也能够感受到身后将士们的情绪也像他一样。胡夫一声令下，将士们像潮水般涌入，奋勇杀敌。

伴随着胡夫的远征，努比亚地区和西奈半岛纷纷被纳入埃及的版图。胡夫使埃及的版图再一次扩大。

然而，成为法老后的胡夫并不满足，他希望自己成为让埃及人民像崇拜神一样崇拜的法老。为了让埃及人民也相信他神一般的伟力，胡夫和他的追随者开始宣扬他是神的儿子。光有这样的宣示还不足以让人民信服，他们提前布置好一些东西，表示胡夫可以让神迹出现，从而加强人们的心理认同。后来他下令在记录他功勋的铭文上都刻上"伟大的神"。这些行为使他逐渐被神化。法老与神捆绑在一起，对法老权力的增强有很大的影响。

胡夫多疑，他总是担心大臣们会因为权力过大而野心膨胀，想要约束他们。那么谁来掌管这些权力更好呢？胡夫想到了自己的孩子，如果所有的权力集中到王室手中，也就不会出现大臣谋反了。胡夫觉得自己的想法非常可行。于是他在后来的执政过程中，有意识地削弱大臣的权力，让他的儿子加入国家政务管理中来。渐渐地，国家政务大权都收回到了王室手中。胡夫意识到人才的重要性，他广招贤才，提拔清廉勤政的官员，并委以重任。他进行大刀阔斧的改革，下令王室成员不得随意掠夺百姓的财物，官员不得向王室成员行贿，并且加大了惩罚力度。他还颁发了减免人民苛捐杂税、削弱贵族特权等措施，这在很大的程度巩固了法老的统治。国库中的财物增多了，人民的负担减轻了，劳动者的积极性提高了，人民的生活水平也提高了，胡夫的改革开创了一个盛世。

尼罗河孕育了埃及儿女，无数的英才在这里荟萃。可是任何事物都有两面性，每次到了汛期，这位一向温柔的"母亲"就像突然发了怒，水位不断上涨，携带着轰隆轰隆的巨响，冲破堤岸。每到这时，尼罗河三角洲地区的埃及人民家园被毁，死伤无数。经过无数次的探索，人们渐渐掌握了尼罗河汛期规律，会提前进行防御。可是，预防并不能完全避免灾害，尼罗河的洪水仍然会给人民带来损失。在胡夫统治期间，有一年汛期，一条尼罗河的分支的水流格外的汹涌，像一头失去控制的野兽，四处乱撞，房屋、树木等都被它破坏了。这次灾害的严重程度超过了人们的预期，让人心急如焚。这个时候，一阵"法老来了！"的高喊声让人们喜出望外。他们没有想到尊贵如神的法老会在这个时候冒着生命危险来到他们身边。看着被人群簇拥着的法老，他们的内心燃起了希望。很快，胡夫了解到了具体的情况，并下令让管水利的官员拿出最快最有效的措施。在胡夫的亲自监督下，这些大臣丝毫不敢懈怠，迅速做出了用杉木等现有材料加固堤坝、堵住决口的方案。有了解决办法，人们立即投入救灾行动中。人们惊讶地看到胡夫手中竟然也拿了工具，走在前面，面对汹涌的洪水，坚定地参与到堵决口的行动中。百姓们被法老的行动感动，有了更多的力量和信念与洪水斗争。终于，在大家的努力下，咆哮的河水顺着河道远去。在洪水退去后，胡夫下令免除当地一切税收，亲自带领人民休整农田，让农民得到了休整和喘息的机会。

胡夫在考察的过程中，还找到了一种新的治水方法。他发现如果在大砖头中间凿一个洞，然后用绳子系住，远远地抛入洪水中，这块大砖头就不会被冲走。用这种砖头加固堤坝，既可以防止决堤，也不会造成洪水泛滥成灾。这一办法大幅度地节省了国库开支，也提高了治水的效果。

在众多的法老中，胡夫在治理国家方面并非最出色的一个，他没有美尼斯那样统一上、下埃及，建立起第一个王朝的功绩；也没有像图特摩斯三世那样开疆扩土，把埃及的领土扩充到前所未有的程度；更没有拉美西斯二世那样兴建遍布全国的精美建筑。他似乎只是一个平凡的法老，仅仅是在自己的任期内做了一个法老应该做的事：探戈征战，改革政治等。但是他又是一个不普通的法老，他对人民的爱护是很多法老都做不到的。他热爱百姓、亲近人民的态度，让后人很难想象。

不朽的奇迹

在尼罗河沿岸的平原上，千百年来，千千万万的埃及人在这里繁衍生息。人们盖起了一座座坚实的房子，在这里安居乐业。无数的英豪在历史的时空中匆匆一现就失去了踪影，而尼罗河却一直陪伴着后来人。没有了太阳的照耀，夜晚的尼罗河失去了白日里的波光粼粼。它静静地流淌着，重复着千百年的轨迹。

有人说，人的死亡分三次：第一次是生理上的死亡，他被医生宣告失去生命迹象；第二次是从户籍上消失，你的名字、你的存在被笔轻轻一勾，从此在社会上作为你的那个人就消失了，以后的资料簿上再也找不到你的痕迹；第三次是所有记得你的人都死去，当那些爱着你或者恨着你的人一个个故去时，你的一切都没有人再念叨。可是为什么有些人直至今天也被交口相传？比如胡夫，这个大金字塔的主人。

清晨的第一缕微光懒洋洋地洒在尼罗河上。埃及一直有一个说法，尼罗河的西岸是不能随便去的，那里一片荒芜，充满着肃杀之气，只有孤独和死亡，是死神奥西里斯的住所。破晓之光终于到来，黑暗被分割开，尼罗河开始觉醒。

金字塔，众多法老的陵墓，它们被建得雄伟高大，据说这样可以让法老们直达天上。《金字塔铭文》也说："天空把自己的光芒伸向你，以便你可以去到天上，犹如拉的眼睛一样。"而普通的民众也可以在法老的召唤下，一起进入天堂。每一任法老都会为自己建造一座金字塔作为死后的栖身之地，那高高的塔尖在遥远的天际泛着微光。太阳已经完全升起来了，一排排金字塔在阳光的照耀下闪闪发光。

金字塔，阿拉伯文的意思为"方锥体"，是一种方底、尖顶的石砌建筑物，是古代埃及埋葬国王、王后或王室其他成员的陵墓。它既不是金子做的，也不是我们通常所见的宝塔形。它规模宏大，从四面看都呈等腰三角形，很像汉字中的"金"字，故中文形象地把它译为"金字塔"。

最早的金字塔是才华横溢的建筑师伊姆霍特普为古埃及第三王朝法老左塞尔设计的陵墓。这种陵墓的出现是殡葬史上的一次重大革新。它的出现结束了古代埃及以"马斯塔巴"

为墓地的历史。高高耸立的金字塔从外观上就给人以压迫感，这象征着法老至高无上的王权，能清晰地将法老与普通平民之间的等级划分出来。这巨大的陵墓要用巨大的方形石块建造，石块从远方运来，不断地进行切割、打磨、堆砌，才形成现在我们看到的六级梯形金字塔。

胡夫为了自己的"永生"，下令在全国范围内招收劳动力，凡是年轻男子都要应招，尤其是建筑方面的人才，更是要纳为其用。他举一国之力，建造自己的另一个王国。胡夫征集了几十万劳动力，工地上到处都是黑压压的人群，但他仍然担心不够用，没有取消招工的命令，依然在为这项工程不断地补充着新的劳动力。

很多人因为他动用了如此多的人修建陵墓，就认为他是一个残暴的统治者，然而考古学家的研究发现却有不同的解释。据考古发现，建造金字塔的大多数人是工人而非奴隶。这些工人都是自愿来修建金字塔的。而胡夫也知道这是一项巨大而繁重的工作，需要耗费大量的体力，因此他没有在工人们的食物上进行克扣，相反给了他们足量的食物，保证他们有体力进行劳动。另外，胡夫也为这些工人配备了医生、药物，保障了他们基本的生活。

胡夫金字塔修建了30年，这座金字塔凝结了无数劳动人民的智慧，屹立在沙漠中看着来来往往的人。

胡夫金字塔位于埃及首都开罗西南约 10 公里处的吉萨高地，是埃及现存规模最大的金字塔。在埃及境内发现的 110座金字塔中，吉萨高地的祖孙三代金字塔——胡夫金字塔、哈夫拉金字塔和门卡乌拉金字塔是最古老的金字塔。

胡夫金字塔塔高 146.59 米，因年久风化，顶端剥落 10 米，现高 136.5 米，相当于 40 层大厦高。塔身用 230 万块巨石堆砌而成，大小不等的石料每块重 1.5 吨至 160 吨不等，塔的总重量约为 684 万吨，它的规模是埃及至今发现的金字塔中最大的。在它的周围，散落着许多贵族的墓，在它的衬托下，那些墓越发平矮。所有的贵族墓众星拱月般围着胡夫金字塔，让人感受到明显的等级差异。

今天的我们看这座巧夺天工的建筑时，惊讶地发现，石块与石块之间没用任何黏合物，却让我们找不到一个缝隙，就算你想插进去一个硬卡片，都是不可能的。金字塔的基座分别对应正南、正北、正东、正西。我们无法想象，在 4000多年前，在那样恶劣的自然环境下人们是如何做到的？这些来自远古的符号，在向我们展示着古老文明的魅力和神奇。

后来者不断地想要窥探它的秘密，却总是铩羽而归。人们便做出了种种猜测：有人说，这不是人类的建筑，是外星人为埃及人建造了这么一座神奇的建筑；也有人说，埃及法老拥有神奇的力量，他在死前下了一个咒语，所有探秘金字塔的人都会中诅咒而死……这些解不开的秘密，为金字塔蒙上了神秘的面纱。

随着科技的不断发展，人们得以更靠近金字塔。2002 年，142 个国家同步播送金字塔探秘。人们在荧幕上看到的是一个个微型机器人灵活的身影，它们在金字塔里不断穿梭着，大家都期待着能够发现什么。可是事实却让人大失所望，一道石门的背后是另一道石门，像死循环一样无解，这让考古工作陷入了困局。

胡夫金字塔工程浩大，结构精细，其建造涉及测量学、天文学、力学、物理学和数学等领域，至今还有许多未被揭开的谜。这座金字塔的入口在北侧面离地 18 米高处，下行甬道通往深邃的地下墓室，上行则抵达国王殡室。殡室长 10.43 米、宽 5.21 米、高 5.82 米，与地面的垂直距离为 42.28 米，室内仅一红色花岗岩石棺，别无他物。另外塔内已知还有王后殡室。这就是目前所有的考古结果。

后来的法老纷纷效仿，金字塔时代正式开启，但是后来的金字塔却没有一座规模超越胡夫金字塔。它的壮观雄伟是所有金字塔无法比拟的，而它的神秘也是至今无法解读的。它给我们留下了太多的秘密，在千年的时光里静静地等待后来者探寻。

胡夫的一生为人正直慷慨，气度恢宏。他的宫中常有各种人才会集，一起讨论国事，交流感想。他的家中从来不缺欢笑，他善良真诚，心胸开阔。他统治埃及的时期，是埃及古王国时代的盛世。胡夫在先辈南北远征的基础上继续远征努比亚（即现在的埃塞俄比亚）和西奈半岛，建立了从尼罗河三角洲到努比亚这样一个统一的大国；他加强了王权，使自己成为神的化身，实现了中央集权的专制主义统治；他组织修建的金字塔是埃及最大的金字塔，被后世称为"世界古代七大奇迹"之一，为后世留下了宝贵的文化遗产。在世界历史上，他不失为一位有作为的君主。

古埃及的拿破仑

——图特摩斯三世

古埃及的拿破仑
图特摩斯三世

二〇一六年首
吴泽浩画

图特摩斯三世（Thutmose Ⅲ，公元前 1514—前 1425 年，公元前 1479—前 1425 年在位），古埃及第十八王朝法老，法老图特摩斯二世之子（曾被认为是图特摩斯二世的异母弟）。十八王朝世系表载明，图特摩斯二世死后的一段时期，由哈特谢普苏特执政。在古埃及的 31 个王朝中，第十八王朝是延续时间最长、拥有版图最大、国力最鼎盛的一个朝代，而图特摩斯三世则是这个王朝最优秀的君主。通常认为，是图特摩斯三世使埃及完成了从一个地域性王国向洲际大帝国的质变。

公元前 1458 年，图特摩斯三世发起了连续不断的战争，恢复了哈特谢普苏特时代丧失的对叙利亚和巴勒斯坦的统治。约公元前 1445 年，图特摩斯三世打败了米坦尼国王，夺占了米坦尼王国位于幼发拉底河西岸的土地。他还使利比亚、亚述、巴比伦、赫梯及克里特岛的统治者们都向他纳贡。由于图特摩斯三世的赫赫战功，他被认为是古埃及最伟大的法老之一，被称为"古埃及的拿破仑"。

01

收敛锋芒，等待时机

出身在很大程度上影响一个人的未来。出生于皇室意味着你会有锦衣玉食的生活，权力与财富集于一身。但俗话说家家有本难念的经，在图特摩斯家族也是如此。图特摩斯二世体弱多病，与王后哈特谢普苏特（Hatshepsut）只生了一个女儿。在古埃及嫡王子才拥有王位继承权，如没有嫡子，则嫡公主的丈夫拥有王位继承权。由于小图特摩斯是父亲图特摩斯二世的侧妃所生，没有王位继承权，而他同父异母的姐姐的丈夫才拥有正统的继承权。于是图特摩斯二世做出了一个决定，他让小图特摩斯娶了姐姐，这样作为继承人的丈夫，小图特摩斯就能登上王位，也就是后来的图特摩斯三世。

图特摩斯二世因为身体原因，并没有太多精力来处理国家政务，从小对政治耳濡目染、对各种权谋更为熟悉的王后哈特谢普苏特主动提出为他分担，并趁机培养自己的势力。身体病弱的图特摩斯二世没有留下多少业绩就去世了。

王后哈特谢普苏特是一个很有心计的人，也有着强烈的权力欲，但并没有足够的条件登上法老之位，她的女儿的丈夫小图特摩斯才是法老的合法继承人。哈特谢普苏特借着新国王年幼，需要辅政，继续以摄政王的身份管理国家。她停止了对外扩张，开始专心处理对内的事务。埃及人民的生活质量不断提高。与此同时，由于缺少对外武力的镇压，叙利亚及巴勒斯坦地区的势力又开始蠢蠢欲动。

图特摩斯三世在王太后的阴影下志忐地生存，他学会了隐忍。面对王太后，他既崇拜于她的手段与才能，又为她夺去属于自己的权力而不满，却又不得不违心地接受她对自己的安排。日子一天天过去，尽管他再低调，哈特谢普苏特还是隐隐感受到了一种威胁。于是她找了一个无关紧要的过错，把图特摩斯三世流放到偏远地区。

这时，阻碍哈特谢普苏特成为法老的只是她的女性身份，怎么样才能让官员和民众放弃这个成见呢？看着天空中的太阳，她灵机一动，飞快地下令召见了大批僧侣。她对僧侣们说：“你们知道，现在国家大权都是我掌管，只是缺一个名分，如果你们肯帮我，那么这也不是问题。”僧侣们紧张地低头看地板，大气都不敢出。她沉默了一下继续说：“如果你们肯说我的父亲是太阳神阿蒙的化身，而我是太阳神的后代，那这一切就顺理成章了。等我当上了法老，我一定不会亏待你们，如果你们不同意或者泄密，那么你们的生命还有你们背后的师门就都会被铲除。"于是，一场精心编排的骗局就上演了：坊间到处流传着王太后是阿蒙的后代、是正统的法老的说法；她为了神化自己，安排人在神庙的石碑顶部放置了许多金盘，反射太阳光芒；她开始穿男人的衣服，走路大摇大摆，压低声音说话，并下令所有人在称呼她的时候都要使用男性代名词。埃及臣民相信了这个谎言，接受了这个女性成为自己的君王。她正式戴上王冠，成为古埃及第十八王朝女王，也是世界上有史可考的第一位女帝王。

对图特摩斯三世来说，流放期间的经历更像是一场磨炼，在这场磨炼中他成熟了。他在姑妈的帮助下，突然重返埃及，以雷霆之势顺利登上王位，夺回了属于自己的一切。曾经威风凛凛的女法老却和她的情人、女儿，一夜之间不知去向。刻在纪念碑上的大部分关于哈特谢普苏特女王的文字和形象都被锤平了，她的功绩被人为磨灭。关于哈特谢普苏特的一切都被埋藏进历史的尘埃，成为未解之谜，直到今天，埃及史学家都无法解释，或许还有待于更多的考古发现吧。

02

军事才能初次展露

图特摩斯三世历经波折，受尽磨难，终于在 35 岁时（公元前 1479 年）再次登上王位，亲自执政。尽管他身为正统的继承人，成为法老理所当然，但仍旧受到有不少旧势力的阻挠，也有不少人对他的执政能力心存怀疑，国内政局开始动荡不安。由于哈特谢普苏特女王执政期间对外并无建树，埃及对外的威慑力有所下降，所以位于叙利亚南部的卡迭石王国抓住埃及局势动荡的空隙，准备组织反埃及同盟，以此来摆脱埃及的控制。面对内外交困的局势，图特摩斯三世表现得很冷静。他在最短的时间内迅速剔除哈特谢普苏特女王的旧势力，重新选择大臣，培养自己的势力。在国内局势相对稳定后，他立刻率领军队，披甲执锐，发动了反击。

让图特摩斯三世成名的一战是美吉多战役。公元前 1458 年，位于巴勒斯坦的卡迭石国王在米坦尼帝国的军事支持下，煽动周边国家反叛埃及。为此，图特摩斯三世率领埃及军队攻打卡迭石。图特摩斯三世亲自率军踏上"荷鲁斯之路"，在长途行军后，他们到达埃及边境。一开始埃及军队的行军速度正常，但是后来，身为指挥官的图特摩斯三世命令所有军队放缓步伐，延长行军的时间。远远看去，前进速度明显放慢的埃及大军，像一只只悠闲地踱着步子的鹅。于是埃及军队在11天后才到达叶赫木城。与此同时，深谙粮草重要性的图特摩斯三世，秘密派遣一支军队前往雅法，将其包围，以确保埃及军队能够得到畅通的后勤保障路径。在这之后，图特摩斯三世召开了一次军事会议，会议讨论的主题便是制定进军路线。他们有3条路线可选择：中间的路线路程近，但要穿过仅容一路纵队穿行的峡谷，那里一夫当关万夫莫开，若有军队把守，他们将完全暴露在敌人的面前。而南北两条道路开阔，但是路程远，还不易于隐蔽。图特摩斯三世提出冒险穿越峡谷，突袭敌军的大本营美吉多城。将军们认为这样太过于冒险，一旦失败便会失去战斗力，选择另两条线路更稳妥。但图特摩斯三世指出将领多年处于无战争的状态，失去了曾经的锐气、过于保守，并不断重申这个提议成功后的巨大好处，力排众议，强制下令执行。

战事如他事先预料的那样顺利。卡迭石国王把峡谷视为天然屏障，并不觉得埃及会冒这么大的危险走这条路，便放松了峡谷的防守，这让埃及军队成功穿过了峡谷。在敌军毫无防备之下，埃及军队突然出现在敌方大本营美吉多城。此时，卡迭石国王和反埃及联军正在美吉多城外宿营。

夜晚，万籁俱寂，仿佛什么都沉睡了，月亮静静地照耀着大地。山林间有什么一晃而过，然后迅速恢复了平静。当太阳从东方害羞地露出来，还在睡梦中的美吉多城已经被埃及军队团团围困。城市外围阵地上的联军仓促间应战，但面对准备充分的埃及军队，没多久就溃不成军，纷纷逃进城内，紧闭城门，不再应战。图特摩斯三世并没有立刻下令攻城，他笑了笑说："那我就等着看，你们能够在这个乌龟壳里躲多久。"在围困城池 7 个月后，城内城外是截然不同的生活：城外的埃及军队，就在城下安营扎寨，每次吃饭的时候他们的饭香味都会勾得守城士兵们口水直流，而其他时间他们则直接在城下开始军事训练，有时还开展一些简单的娱乐活动。城内则弹尽粮绝，人心惶惶，士兵无心再战斗。在身为最高指挥官的卡迭石国王弃城逃跑后，这个内部并不统一的反埃及联盟也迅速崩裂，这场战争以埃及胜利而告终。身处战场的特贾尼目睹了战争的全部过程，做了详细记录。后来，这次战斗的经过被刻到了神庙的墙壁上，用于宣扬图特摩斯三世的赫赫战功。

03

古埃及的拿破仑

美吉多战争的胜利使图特摩斯三世血液中的好战因子开始觉醒，他找到了更有意义的事，即对外扩张。在执政期间，他把叙利亚的诸城邦作为埃及对外扩张的重点。

图特摩斯三世认为对叙利亚的征战都需要跨越海洋，他的军队要有强大的海上作战能力，所以他下令让工匠们制造一批性能优良的战舰，同时下令广招新兵，挑选出身体强壮、深谙水性的士兵进行海军的训练——他要组建一支海上舰队。对于战争来说，机会稍纵即逝，时间就是生命，这一具有前瞻性的举动大大地缩短了埃及到叙利亚沿海城市的时间。过去陆路行军，到达叙利亚需要至少两周的时间，而现在，海上舰队让埃及军队抵达叙利亚的时间缩短至不到一周。经过多年战争，埃及终于确立了对叙利亚的统治。

热衷于对外扩张、扩大疆域的图特摩斯三世被埃及人誉为大英雄。然而，他虽然热衷于对外征战，骨子里充满了征服欲和战斗的激情，但是他对待战俘的态度却是温和的。他并不虐待战俘，相反却给予他们基本的生活保障。对于战败方，他在驻扎军队派总督治理的同时，他还将那里的贵族子弟带到埃及，让他们在埃及长大，这样既可以培养他们对埃及的情感，也借此威胁战败国不要轻举妄动。可见，图特摩斯三世不仅具有军事上的雄才大略，还拥有政治上的深谋远虑。

在不断征战叙利亚和巴基斯坦的过程中，米坦尼王国的利益被触动，埃及与米坦尼王国之间不可避免地爆发了战争。称霸西亚的米坦尼王国因为多年处于和平的环境中，军队的战斗力下降。而图特摩斯三世的军队则连年征战，经验丰富。在双方多次交战中，埃及都占据上风。公元前1445年，图特摩斯三世认为已经到了获得胜利的最好时机，于是下令总攻。在这次进攻中，图特摩斯三世精心训练的海上舰队大显神威。第一步，埃及军队按计划从海路出发，在很短的时间内就悄悄到达了毕布罗斯，然后他们把军舰都搬运到了马车上，由马车悄悄送往奥伦特河谷北岸。由于埃及军队行军速度很快，突然袭城，卡迭石和图尼普来不及准备城门就已经被攻破。错误估计埃及军队动态的米坦尼军队刚刚到达边境，还没有来得及看清周围，就被提前等候的埃及军队迎面痛击。他们一共交战了3次，失去先机的米坦尼王国一败涂地。为了保存有生力量他们开始撤退，埃及军队穷追不舍，一路跟着推进到了卡尔赫美什。米坦尼军队认为自己已经控制了附近的所有船只，有河流这条"天堑"，便可以挡住埃及的军队，于是放松了警惕。这时，图特摩斯三世运来的战舰就展现了它的作用。埃及军队乘坐着战舰顺着河水向东疾驶，渡河之后，打得米坦尼军队一时不知所措，只得落荒而逃。

时隔不久，图特摩斯三世便做出决定，再次攻打米坦尼王国。始料未及的米坦尼国国王，看着长驱直入的埃及军队，深感无力回天，被属下护送着仓皇逃走。当埃及军队抵达王宫时，只剩下来不及逃跑的妃嫔和颤颤发抖的侍从们。埃及军队在王宫扫荡，把金银珠宝洗劫一空，最后还不忘把貌美如花的妃子们一起带走。战争的失利让米坦尼不得不与埃及求和结盟。为表示自己的诚心，国王把一名公主嫁给图特摩斯三世。所谓的同盟并不是平等的，表面是盟友，实质是附属。米坦尼为了自身的安全，必须向埃及提供技术、黄金、赋税、自然资源等。由于贡品源源不断地到达，埃及的实力再一次得到增长。埃及缺少劳动力，也向米坦尼王国直接索要，生产力得到了提升。同时，这些劳动力长期生活在埃及，与埃及人通婚，逐渐产生新的民族。

米坦尼战争以后，西亚地区为埃及所震慑，纷纷表示愿意与埃及修好。在北方稳定以后，图特摩斯三世把目光投向了并不怎么发达的南方。在他的出色指挥下，埃及军队百战百胜，一直将南部边界扩张到了今埃塞俄比亚境内的尼罗河第四瀑布。

长时间的征战，图特摩斯三世威名远播。战败的国家纷纷表示臣服，愿意向埃及称臣进贡。而一些小国以和亲的形式表示愿意与埃及修好；一些大国也与埃及进行和谈，成为埃及的盟友。两河流域和小亚细亚，东地中海的爱琴海诸岛，克里特和塞浦路斯等地区都掌握在了埃及的手中。随着图特摩斯三世的远征，不同民族的文化也被带到新的地方，开始进行交流和融合。

在图特摩斯三世的努力下，埃及在十八王朝时终于成为地跨亚非的洲际大帝国。图特摩斯三世的赫赫战功使他在历史上获得了"古埃及的拿破仑"的美名，他的战绩甚至超过了拿破仑，因为在他所有发动的战争中没有一次失败。

04

扑朔迷离的情史

图特摩斯三世作为威震四方的法老，他的情史扑朔迷离，众说纷纭。

人们从史料中可以知道，他的第一次婚姻是在 10 岁的时候，这场看起来更像闹剧的婚礼，却真实地发生了。在父亲的安排下，小图特摩斯娶了图特摩斯二世和王后哈特谢普苏特的女儿，也就是他的姐姐，由此，他获得了王位的继承权。小图特摩斯对这个姐姐王妃没有一点感情，尤其是哈特谢普苏特掌握政权以后，他就在想办法除去她。为了保全自己，他仍然温柔地对待这位王妃，在她面前表现得滴水不漏。图特摩斯三世亲政后，这位名义上的王妃，和她的母亲一起莫名失去踪迹。这段婚姻也就此画上了句号。

亲政的图特摩斯三世开始有了很大的自主权，虽然他不得不接受很多政治联姻以巩固统治，但是他的王后之位一直悬空。常年在外征战的图特摩斯没有儿女情长的时间，作战成了他的主要生活。然而一次受伤却让他收获了意想不到的爱情。

有一次，图特摩斯三世在战场上不慎受伤，被送往一家医院救治。他得到了一位护士的精心照顾。护士的女儿思绨雅赫对母亲精心照顾的病人很是好奇，想要了解他。当她得知这位病人是威名远播的法老，就越发想靠近他。每一次母亲去照顾法老，她都跟着去，也会在母亲忙碌时代替母亲去照顾图特摩斯三世。铁血的法老为年轻美丽的女子而心动，为温柔细致的照顾而感动，一种说不清的情愫在他们心间萌发。图特摩斯三世作为优秀军事家，果断是他的一个特点，在感情上也是如此。当他意识到自己喜欢上这个女孩的时候，他便决定要她做王后。因为女孩出身低下，受到了大臣们的反对，图特摩斯三世不顾这些声音，毅然决然地册封她为王后。尽管这位王后受教育程度并不高，但因为他们之间的感情，图特摩斯三世选择了包容。

或许是自己知识匮乏带来的缺憾，王后在生下她的女儿后，请求图特摩斯三世为女儿请来最好的老师授课，为女儿提供最好的教育条件。他们的女儿在她的希望下渐渐长大，成为一个知书达理、温婉贤淑的女子。这位公主很得图特摩斯三世的喜欢，后来成了图特摩斯三世的第三个王后。有人说，是王后感到自己的处境大不如从前，故意按着图特摩斯三世的喜好培养女儿，从而帮助她登上王后的位置。也有人认为是这位公主符合图特摩斯三世的品位，图特摩斯自己看上了她。猜测多种多样而结果只有一个，这位公主明显是让图特摩斯三世产生了爱慕。而她与图特摩斯三世生下的儿子，也就是阿蒙霍特普，也得到了图特摩斯三世的青睐。图特摩斯三世去世以后，阿蒙霍特普成为新一代的法老。

图特摩斯三世的妃嫔人数颇多，而且来自众多的国家。图特摩斯三世在征战中，不断有国家为求得安稳，将公主嫁给他，而他将大量的时间投入军旅生涯，连年征战奔波，本就没为感情生活留太多时间。后宫对于图特摩斯来说更多的是稳定统治的手段，而他的感情或许就是那种血与火的战场上的一抹心悸，一场感动。

身为法老，尤其是众多法老中的佼佼者，不管是当时还是后世，对他的评价大多是肯定与赞扬。是他，第一次把埃及从一个地区性的大国变成了地跨亚非的洲际大国；是他，带埃及登上了前所未有的顶峰，开创一代盛世；是他，做到了很多法老做不到的业绩，把埃及的声名传播四方。而他本人也并没有因为自己宏大的业绩而沾沾自喜，骄傲放纵。他克己内敛，时刻注意着自我行为的端正。从多处记载中我们不难发现图特摩斯三世是一个公正、诚挚的法老。他同时也是一个平凡的君主。或许是常年的戎马生涯让这位霸主感到了厌倦，也许是年老的身体让这位老人无比劳累，抑或是现在拥有的宏图伟业让这位君主感到满足，晚年图特摩斯三世渐渐回归宫廷，逐渐倾心于享受富贵尊荣。他终于放下倾注了大半生心血的事业，开始放权给他的继任者。他在最后的时光里享受到了前半生不曾拥有的心安和放松。公元前1425年，他安详地闭上了双眼，离开了他奉献一生的王朝。

魂归底比斯

——拉美西斯二世

拉美西斯二世（Ramesses Ⅱ，约公元前 1303—前 1213 年），法老塞提一世之子，古埃及第十九王朝第三位法老，约公元前 1279 年—前 1213 年在位，其执政时期是古埃及新王国时期最后的强盛年代。

拉美西斯二世进行了一系列的远征，以恢复埃及对巴勒斯坦的统治，在叙利亚与同时代的另一强大帝国赫梯发生利益冲突。双方在公元前 1285 年发生一次著名的战役——卡迭石战役。约前 1258 年，赫梯王国的国王病逝，新任国王哈杜西勒三世继位，两国缔结和约，成立军事同盟。埃及—赫梯和约可说是世界历史上第一个著名的国际军事协定。

拉美西斯二世无疑是埃及历史上最为重要的法老之一，在他的统治下，岌岌可危的古埃及出现了最后的盛世。当他 91 岁高龄过世后埃及就开始走下坡路。拉美西斯二世缔造的盛世给衰落期的古埃及以最后的璀璨，他的功绩被国民争相称赞，在后世弥久流传。

01

拉美西斯二世的幼年时代

拉美西斯二世约出生于公元前 1303 年 2 月 21 日。他是法老塞提一世和王后杜雅之子。杜雅王后来自一个尚武的家族，是一位骁勇善战、屡立奇功的将军的女儿。在拉美西斯二世出生以前，他的父母已经拥有了一个儿子，只是幼年便不幸夭折，而紧接着出生的第二个儿子，也就是拉美西斯二世，顺理成章地拥有了合法的顺位继承权。塞提一世并没有对他过分宠溺，而是对他精心培养。他知道，拉美西斯二世不仅是他的儿子，更是国家的未来。因此，作为天之骄子的拉美西斯二世，从小便不得不背负着比常人更为沉重的责任。

幼年时起，他就被送进一个宫廷学校，据说这是一个专门为培养法老而存在的机构，在这里拉美西斯二世学习了大量的基础文化知识，虽繁多冗杂，但也为他学习政治方面的才能奠定了基础。沉重的学业并没有让他退缩，相反，他从小便聪明伶俐，对各类知识触类旁通，这让他的学习事半功倍。10岁时，他就在军中任职，开始了他的军旅生涯。在这里，他日复一日地淬炼体魄，使自己变得更强壮；他起早贪黑地学习杀敌本领，努力成长为一名合格的军人。每一次汗与泪的洗礼，他都默默忍受，他知道这是他应该付出的。当他15岁时，他的父亲塞提一世决定带他参战。那时候的他，并不知道真正的战场有多残酷，只知道自己苦练多年的技艺终于有了用武之处。怀着懵懂与莫名的激动，他第一次走上战场。实践出真知，在不断的征战中，他的军事才能也逐渐提高。

他的力量一天天变得强大，很多的人都在夸他，说他会成为一位伟大的法老，会把埃及带到鼎盛。他的父亲也总是对他流露出满意的神色。就这样，他一天天地走向成熟。在他25岁时，他的父亲塞提一世过世，他接过了沉甸甸的王冠，开始了他的统治时代。他满怀信心，在大家的期待下显露出他的雄才大略，引领埃及走向另一个高峰。拉美西斯二世用他的成就促成古埃及最后的繁荣，他的名字也被历史铭记，流传后世。

02

从战争走向和谈

成功登上王位的拉美西斯二世并没有满足于已有的领土，相反，他拥有一颗勃勃的雄心，开始了频繁的征战。

在塞提一世统治时期，为了争夺叙利亚地区的话语权，埃及就与同时代的另一强大帝国赫梯发生过利益冲突。双方在前1285年爆发著名的卡迭石战役。公元前1285年4月底，拉美西斯王子率领2万士兵和2000辆战车，分四路朝奥龙特河谷进发，目的是占领赫梯人在叙利亚建立的重镇——卡迭石。他的对手则是穆瓦塔里国王，对方拥有1万名士兵和

3500多辆战车。在他的军队刚刚靠近奥龙特河谷的地方，抓住了两个赫梯逃兵。拉美西斯王子亲自审问这两名逃兵，在得知穆瓦塔里的部队距离此地很远、他可以轻而易举地攻下城池的信息后信心大增，迫不及待地率领先头部队向卡迭石前进。

战争中最忌讳的是孤军深入，刚刚扎营的拉美西斯王子在卡迭石城外遭遇了困境。原来当初两名逃兵的实际身份是细作，故意被拉美西斯王子的军队抓住，透露假消息，引他上钩。当他的卫兵又抓到敌军的两名士兵后，他才意识到自己已经陷入了敌人的包围圈，但为时已晚。赫梯人突然发起进攻，将拉美西斯王子的军队一举击败。这种局面下，拉美西斯王子只能依靠贴身侍卫的拼命厮杀才勉强抵挡。胜利之神似乎已经站在了赫梯人的身边。然而，战争往往是不可预料的，不到最后一刻，谁是胜利者永远无法断定，这次战役以出乎意料的结果证明了这点。千钧一发之际，拉美西斯王子的主力部队终于赶了上来，以破竹之势成功地解救了他和他的先头军队。战局倏忽之间就得到了扭转，胜利的天平开始向埃及军队倾斜，赫梯人失去了最好的取胜时机。在黄昏时分，赫梯人退守卡迭石城，拉美西斯王子亦无力再战，这场战争在双方两败俱伤下，以平局收场。

在此后的16年中，小规模战争时有发生，双方都未取得决定性胜利。公元前 1258 年，赫梯的新国王阿图西里三世主动向埃及提出了缔结合约的要求，派遣使者送上互不侵犯的合约草案，表明自己的诚意。鉴于好战的亚述人不断侵扰埃及的情况，拉美西斯二世选择了同意缔结合约。这份合约为赫梯与埃及近一个世纪的争霸画上了圆满的句号。这份拥有着重要意义的合约也被两国郑重其事地保存下来，成为他们联盟的开始。

03

似水柔情与庞大的后宫

拉美西斯二世的一生都是传奇，在他的子民眼里，他就是无所不能的王。有他存在，埃及就是一朵不会凋谢的花，一枝独秀。然而褪去荣耀的光环，他也不过是一个凡人，也逃脱不了凡人的七情六欲。在他 91 年的漫长人生里，他先后娶了 8 个王后，纳了不计其数的嫔妃，生育了 100 多个儿女，还送走了 12 个王位的继承人。在寥寥无几的史料中，我们可以感受到他被神化表象下流露出的丝丝柔情。

他的第一个王后，是 15 岁便嫁给他的上埃及贵族后裔奈菲尔塔里。不可否认，他们的结合离不开政治联姻的目的，这个出身高贵的女子为拉美西斯家族带来了荣光，也巩固了其统治的基础。奈菲尔塔里，意为"最美丽的女人"，也许是她的容貌与魅力让年轻的君主沉迷,陷入爱情的甜蜜中吧。他对她说着最美的情话，给她最大的宠爱，精心维护着这份感情。他在每一个典礼仪式上都不忘带上她，与她一起携手出席每一个重要场合；他根据她的喜好精心设置了一个莲花池，让她可以时刻感受莲花的清雅；他站在微凉的风中看她曼妙的舞姿，忍不住为她和曲一首；她离世后被隆重地葬于埃及的王后谷，那里沉睡着几十位埃及法老的王后，而她的陵墓最为精妙绝伦，他将自己的怀念倾注到修建陵墓的整个过程中；他痛失所爱后亲自为她设计了"哈索尔神庙"，主殿上端坐的是两人的雕像。这一切都流露出拉美西斯二世对奈菲尔塔里王后的浓情厚谊。她是无可争议的第一夫人，也征服了所有臣民的心，被称作"最受宠爱者""魅力、甜美以及爱的拥有者""上下埃及的女神"。奈菲尔塔里曾为拉美西斯二世生下 6 个子女，其中 4 个儿子和 2 个女儿，遗憾的是，她的 4 个儿子都早于父亲去世，未能继承王位。

在奈菲尔塔里去世后，拉美西斯二世把自己和她所生的长女立为王后。后来，他又娶过至少 6 位王后，其中一个是与他争霸的赫梯的公主。

继承人是每个君主必须选择的，拉美西斯二世在这方面也做到了与众不同。拉美西斯二世是一个有着长远目光并且精于权谋的法老。他权衡利弊，根据每个儿子不同的性格和能力，给予他们适当的职责，让他们在最适合的位置上发挥作用。他尽力做到了不偏不倚，让他们各自发挥专长。当然，卡纳克阿蒙神庙的最高祭司——这一个国家最高神职的位置，仍由他本人牢牢掌握。在他的精心安排下，他众多的儿子各司其职，没有出现与其争权的情况。即使如此，他也避免不了像很多君主一样多次挑选继承人，只是原因独树一帜。因为他活到了90多岁，而他的许多儿女却熬不过这漫长的时间，相继在他之前死去，这使他不得不重新选择的继承人。最后继承他王位的麦伦普塔赫位列王位继承人名单中的第13位。他能在这个长长的名单中脱颖而出，最主要的原因还是他的寿命足够长，他在60岁时才顺利登上王座。

04

最好的功绩见证者

埃及的许多古建筑是古代埃及人智慧的结晶。历史上诸多的法老纷纷以阿蒙神的名义大兴土木，似乎都想要留下些什么以证明自己的存在。他们在墙壁上、石头上，在各种地方刻印自己的事迹，宣扬着自己的胜利，借此让更多的人了解。比如闻名遐迩的金字塔，时至今日人们也无法解开它的建筑之谜。作为埃及最著名的法老之一的拉美西斯二世，也热衷于建筑。他在位时，不仅对已有的神庙进行改造，还不断地选择新的地址修建独一无二的神庙。他把自己的功绩雕刻在所有可以流传的碑石和建筑物上，尽情地宣扬自己的伟大。

新首都就是他的杰作。

拉美西斯二世为新首都的选址而陷入思考。当他来到培尔这座城市时，一股熟悉的亲切感迎面而来。这里的一草一木都能勾起拉美西斯二世的回忆。他记得这里的城市布局，记得他曾在哪里嬉戏玩闹。这是他的故乡，是他从小生活的地方。他开始从各个方面考虑它成为新都城的可能性。这座城市依河而建，交通方便，有利于人们的来往交流和社会经济发展。而且这里的土地肥沃，粮食的产量屡创新高，人们的生活安定富裕。从各方面考虑，在这里建都是个不错的选择。在拉美西斯二世当政的第五年，这座城市就已经初具规模，并成为他的寝宫。建造好的新首都的奢华程度与埃及另两座大城市孟斐斯和底比斯不相上下，被命名为培尔－拉美西斯，意为"拉美西斯的家"。

阿蒙－拉大神庙始建于阿蒙霍普特二世当政时，在霍伦贝勒王朝以及塞提一世在位时都曾继续修建。拉美西斯二世完成了石柱大厅的修建工作。这座名副其实的古代建筑瑰宝用 134 根巨型石柱支撑着屋顶，中间的两排重达 12 吨的柱子最为粗大。拉美西斯二世派人在它的墙壁上刻上精美繁华的浮雕进行装饰，使它更为精致。另外他还下令挖掘一个圣湖，供神职人员在仪式前净身。这个圣湖保留至今。与之相邻的卢克索神庙也引起了法老的注意，他下令召集能工巧匠，在柱子上刻下精细的花纹进行装饰，又命人在这里记录下卡迭石战役的过程。然而这些还是不能够让拉美西斯二世满意，于是在拉美西斯二世的要求下，雕刻者精心模仿这位法老的面容制作出了 6 座巨大的雕像，两座坐像，四座立像，矗立在神庙入口的两侧。

拉美西斯宫，也是那个时代的代表作之一。这座宫殿是为了方便人们举行供奉他的仪式而建造，包括大型庭院、巨大的拉美西斯二世雕像以及他率领军队取得胜利的雕刻。为了建造它，拉美西斯二世不惜下令从其他古建筑上拆下一些材料。有趣的是，在他去世后，他给自己修建的这座宫殿也遭受了同样的待遇，在别的国王修建自己的宫殿时，也从这里拆除了很多材料。

阿布辛贝神庙凝聚了拉美西斯二世太多的心血，是名副其实的古代建筑瑰宝。神庙入口处有 4 座巨型石质拉美西斯二世坐像，每尊高近20米，直接从山体岩石中凿出，像旁还精心策划且有序雕刻了其母、妻、子女的小像，无不栩栩如生。这座神庙如今已经变成了埃及文明的象征。为了使自己的统治富有神秘色彩，从而提高人民对他的崇敬程度，拉美西斯二世建造了这座神庙时对外宣称是纪念太阳神阿蒙的，实际是为了满足自己私心，给自己建造的。在拉美西斯二世生日(2月21日)和加冕日(10月21日)，阳光可穿过60米深的庙廊，洒在拉美西斯二世的雕像上，而他周围的雕像则无缘享受，因此人们称他为"太阳神的宠儿"。

在这座神庙的旁边则是他为深爱的王后奈菲尔塔里建造的较小的岩窟庙。庙的正面排列6座雕像，包括3座拉美西斯二世的雕像和以哈托尔神形象雕刻的3座奈菲尔塔里的雕像。在奈菲尔塔里的墓碑上则刻着那句著名的表白："我对你的爱是独一无二的——因为你是世界上最美丽的，没有人能够取代。当你轻轻走过我的身旁，就带走了我的心。"

在古代极其简陋的生活条件下，长寿成为人们遥不可及的梦想。人们渴望长寿，想尽办法延长寿命，与天争夺时间，却总是不尽人意。在埃及平均寿命只有40岁的年代，拉美西斯二世无疑是个奇迹，这也为后世神化他增添了资料。

埃及有个重要的传统节日——赛德节，为在位年满30周年的法老再次举行加冕的仪式，显示王权，祈盼长寿。第一次赛德节后，每隔 3 年便可以再过一次赛德节，再次加冕。拉美西斯二世凭借自己绵长的寿命，成为埃及唯一一个过过 14 次赛德节的法老。赛德节祈盼长寿的意义在他身上体现得淋漓尽致。

拉美西斯二世的统治时期长达 67 年，一度因为长寿而相信自己可以长生不老的他，在 91 岁那年走完了人生最后一段路程。送葬之日，天色阴沉，往日的太阳都不见了踪影，尼罗河缓缓地流淌着，偶尔水声呜咽，似乎也在为拉美西斯二世的去世而悲伤。长长的送葬队伍看不到尾，整齐一致的船队早已经就位。随着木桨轻轻地划破水面，这位法老在儿子麦伦普塔赫的护送下，经过孕育他的尼罗河，驶向远方的底比斯。那里，是他长眠之地。河流的沿岸被百姓送葬的队伍挤满了，他们没有发出一点声音，生怕惊扰了他的安息。

60 多年的统治，原来也不过弹指一挥间。随着送葬队伍的远去，他被安葬在早已经建好的帝王谷的陵墓里。在这里，他为自己准备了数不尽的奇珍异宝，希望自己在另一个世界里也可以拥有财富。随着墓门的关闭，这位伟大的法老结束了他忙碌的一生，开始沉眠。然而沉睡之地大量的财富让很多人觊觎他的陵墓。仅仅几十年后，他的陵墓就被悄然挖开，各种陪葬品被洗劫一空。为了防止他的木乃伊绑带里的财物被盗走，神职人员不得不把他的木乃伊从陵墓中移出，放置的地点也变换过多次。大约在公元前 1000 年，拉美西斯二世与其他几个法老的木乃伊被藏在了底比斯附近的小城代尔巴哈里的哈特谢普斯特神庙内。直到 1881 年，来自法国的考古学家在埃及进行考古时无意之间发现了拉美西斯二世的木乃伊，这位考古学家认为这一重大的发现应该被所有的人看到，于是他把木乃伊放在了埃及博物馆，这位法老终于重新面对世人。

　　拉美西斯二世在其一生中留下了太多的故事，他所创造的盛世为垂垂老矣的古埃及王国带来昙花一现的生机，而他本人也因荣光加身被不断神化。他的才华，他的爱情，他的伟绩，无一不让后人景仰。

民族的勇士

——纳赛尔

1952 年 7 月 23 日，在埃及的一个小镇上，几个妇人围在一起聊着家常。忽然，一位妇人向另一位妇人问道："嘿！塔西娅，你丈夫不会是在外边有情人了吧？他多久没有回家了？"那位叫塔西娅的妇人轻轻地笑了笑，低下头，继续手里的活计。

她的丈夫纳赛尔，走了很长时间了，到现在还没有回来。自从丈夫走后，她一直担心着他，夜晚再也不能像往常一样踏踏实实地一觉睡到天亮。

有一天，门外传来了嘈杂的声音，"法鲁克王朝被推翻了！""你们听说了吗？纳赛尔领导的自由军官组织推翻了法鲁克王朝！"塔西娅抬起那消瘦的脸庞看向窗外。门铃忽然响起，塔西娅怀疑地看向那道关了好久的房门，门铃继续响着。塔西娅冲过去，打开了那道门，门外暖暖的阳光照进了房间，那熟悉的身影立在门口。"纳赛尔！"

纳赛尔，这个让塔西娅骄傲的名字，这个被人称赞，也被人咒骂的名字……

加麦尔·阿卜杜勒·纳赛尔（Gamal Abdel Nasser，1918—1970 年），埃及第二任总统，被认为是历史上最重要的阿拉伯领导人之一。他出生于亚历山大巴卡斯区，在开罗上小学，中学毕业后进入开罗皇家军事学院，毕业后获少尉军衔，驻守在上埃及和苏丹等地。他在苏丹埃军服务时结识 3 位年轻军官，即毛希丁（后任副总统）、阿迈尔（后任陆军元帅）和萨达特（后继纳赛尔任总统），他们建立秘密革命团体自由军官组织，目的是赶走英国人，废黜君主制。

1952年7月23日，以纳赛尔为首的自由军官组织推翻法鲁克王朝，成立革命指导委员会，掌握了国家政权，并于1953年6月宣布成立埃及共和国，纳赛尔任副总理兼内政部长。1954年4月任总理，同年11月接替纳吉布出任总统及革命指导委员会主席职务。1956年1月埃及颁布宪法，依据宪法在当年6月举行的总统选举中，纳赛尔正式当选总统并兼任总理。20世纪五六十年代，纳赛尔是阿拉伯民族主义的倡导者，也是不结盟运动的创始人之一。

在成为埃及共和国第二任总统后，纳赛尔推行中央集权制度，增加总统权力，进行企业国有制改革，实行土地改革，建设大型公共设施，和社会主义国家建立友好往来关系……这些举措使得埃及在很多方面有了突飞猛进的发展。他领导的埃及政府多次发动抗击以色列的战争，但是结局却以战败告终。1970年9月28日，身体不堪重负的纳赛尔于任上病逝，终年52岁。世人对于纳赛尔的评价毁誉参半，对于绝大多数埃及人来说，纳赛尔是一个伟大的、有魄力的改革家，是建立起阿拉伯世界自尊的伟大领袖。

01

民族英雄纳赛尔

1918 年 1 月 15 日，随着婴儿清脆响亮的啼哭声，纳赛尔诞生在世界名城亚历山大。他的父亲是一名邮局的工作人员，纳赛尔从小便跟着父亲走遍了附近的大街小巷。到了上学的年龄，纳赛尔先后在阿西尤特、哈特蒂贝、开罗和亚历山大等地辗转接受中小学教育。他从小就对阅读产生了浓厚的兴趣，觉得书本里有一个他从没有见过的世界，只要一有时间就会沉浸在这个世界里。纳赛尔先后熟读德国、法国、埃及和阿拉伯世界各国的历史，在了解了英国的殖民史和埃及的受压迫史之后，他产生了一股强烈的反英情绪。这种情绪是他早年投入革命洪流的强大动力。

1930 年，英国唆使埃及国王废除了承认埃及独立的1923 年宪法，并发表声明，拒绝恢复该宪法。随即埃及各地展开一系列群众性抗议活动。11 月 13 日埃及国庆节，开罗反英示威运动达到了高潮。因为在这场反英斗争中表现突出，纳赛尔被推为开罗中学生联合会主席。他率领血气方刚的青年学生和广大开罗革命群众一起，步履坚定、毫无畏惧地穿过开罗大街,向开罗中心广场行进。在罗达桥头,他们与前来镇压的军警英勇搏斗,纳赛尔的两位同学当场中弹身亡。纳赛尔和同伴们抬起烈士的遗体,毅然冲破敌人封锁线,一直来到埃及政府大厦前面。

面对荷枪实弹的英国士兵,纳赛尔率领学生继续向前冲去,一颗子弹擦破了纳赛尔的前额。手无寸铁的群众怒火中烧,拾起棍棒、石头,展开自卫反击。结果大批爱国者遭到逮捕审讯,恐怖的气氛笼罩着整个开罗。第二天,头缠绷带的纳赛尔继续率领群众展开抗议活动。很快,他们众志成城,结成反英民族阵线。这场气势磅礴的反英斗争从开罗扩大到全国,持续了一个月之久,迫使英帝国主义者在 12 月 13 日宣布恢复 1923 年宪法。英国在埃及的殖民统治开始动摇。

1933 年,在亚历山大目睹了群众反英游行那激动人心的斗争场面时,纳赛尔毫不犹豫地加入游行队伍,与示威者一起同前来镇压的反动军警展开英勇搏斗,却不幸被捕入狱。在昏暗潮湿的牢房里,同室的革命党人对他进行革命宣传。出狱以后,纳赛尔参加了革命党人的秘密反英活动。他早已下定决心,愿为这片大地挥洒尽最后一滴热血,愿为祖国的独立和富强奉献其一生!

中学毕业后,纳赛尔认真回顾埃及人民反英斗争历史,总结以往革命运动失败的经验教训,分析当时埃及社会现状,找到了武装救国的道路。开罗皇家军事学院负责招生的海里少将对其热血报国的精神、刚毅顽强的性格极为欣赏，在1937年3月，破格录取他为军事学院的一员。

在军校学习期间，纳赛尔阅读了大量军事、政治书籍，对当时的阿拉伯世界所面临的问题表现出浓厚的兴趣。他利用深造机会，刻苦攻读英语。1938年7月1日，纳赛尔以优良的成绩通过了学院毕业考试，被授予步兵少尉的军衔。

不久，纳赛尔便前往曼卡巴德兵营担任排长，并在那结识了一批下级军官。为了实现控制武装、夺取革命胜利的长远计划，在一个明月高照的夜晚，纳赛尔和志士们起誓：团结一致，驱逐外侮，重建祖国！这个秘密革命团体包括萨达特和毛希丁等人，即后来领导七月革命的自由军官组织雏形。不久纳赛尔随军前往苏丹驻防，他离开时嘱托萨达特出面正式成立了自由军官组织。

1942年9月，纳赛尔晋升为上尉，从苏丹调回埃及，不久他又被任命为开罗皇家军事学院教官。后来他结识了开罗的一位伊朗血统的姑娘塔西娅·卡齐姆，并娶其为妻。此时，萨达特被捕，纳赛尔便成为自由军官组织的领导人。他开展革命组织工作耐心细致，不辞辛劳，使这支队伍迅速扩大，组织成员几乎遍及整个武装部队，逐渐成为七月革命的先锋突击队。

1948年5月16日，巴勒斯坦战争（第一次中东战争）爆发。纳赛尔毅然告别妻子儿女，随军出征。

1948年10月，纳赛尔所在的埃军陷入以色列军队的重兵包围中，孤立无援。敌人的飞机、大炮轮番攻击，纳赛尔临危不惧，沉着冷静地指挥军队，采取灵活的战术，不失时机地进行一次次反攻，消灭了敌人大量有生力量。战斗中，纳赛尔身先士卒，不畏危险。受他的感染，2500名官兵同仇敌忾，英勇奋战。一直到次年2月埃以双方在停战协定上签字，纳赛尔所在的根据地始终牢牢地控制在埃及军队手中。由于其战功卓著，他被全军将士誉为"法卢贾之虎"，受到多次嘉奖，并被提升为少校。

在这次战役中，纳赛尔目睹了埃军战备不足、高级军官盲目指挥以及统治当局牺牲民族利益、大发国难财等现象，更加坚定了用武力推翻这个腐败无能政府的决心，他加紧了武装起义的准备工作。

1949年年底，自由军官组织在开罗召开了一系列秘密会议，最后成立了以纳赛尔为主席的创建委员会，具体部署武装起义的各项准备工作。

1952年2月10日，纳赛尔召开创建委员会会议，决定在8月5日举行起义。为使计划更加稳妥，纳赛尔推举德高望重、同情革命的高级军官穆罕默德·纳吉布来担任这次革命的名誉领袖。但纳赛尔始终是这次革命的领导者和决策者，他负责起草了武装起义计划和目的的宣言。

不久，法鲁克国王及其政府预感到末日即将来临，决定先发制人，挽救其垂死的命运。他们查封军官俱乐部，将激进军官调离首都，并准备逮捕自由军官组织的领导成员。一时风云突变，革命濒临流产。关键时刻，纳赛尔当机立断，将起义提前到 7 月 23 日。

1952 年 7 月 22 日早晨，创建委员会决定在希拉利新内阁上台前夕，从阿拔斯大街尽头到新开罗一带首先起事。会上纳赛尔力排众议，坚持主张集中力量攻占陆军总司令部和广播电台。以纳赛尔为首的起义领导成员确定了这次行动计划的 3 点内容：一、夺取军队的领导权，并将其完全控制；二、确保人民对运动的支持；三、以不流血的方式废除法鲁克国王。

晚上 7 时，一个年轻的上尉气喘吁吁地赶来，告诉纳赛尔：敌人已开始动手！纳赛尔从容而周密地分析了各方面的情况，果敢地做出了将起义提前 1 小时的决定。随后纳赛尔吃过晚饭，穿上军装，吻别了妻子儿女，镇静而坚定地迈出家门，进行起义前的最后一趟巡视。

22 日 11 时，起义的枪声打响，参加起义的各路突击队在自由军官的率领下，按照预定方案，在 23 日凌晨两点完成了全部的占领任务，几乎没有遇到什么抵抗。23 日拂晓前，起义者占领了开罗，控制了军队，接着占领了广播电台、火车站等重要部门和设施。23 日黎明 6 时多，起义领导成员萨达特宣布埃及结束最黑暗的时期，新政权诞生了！纳赛尔领导的军事政变，推翻了法鲁克王朝。

1953 年 6 月 18 日，埃及宣布废除君主制，建立共和国。纳赛尔拥戴纳吉布为总统兼总理，自己担任副总理和内政部长。然而在埃及人民的心目中，纳赛尔是"七月革命"的真正领袖！由于纳吉布过分保守和个人专权，纳赛尔与他发生了激烈的冲突。1953 年 11 月，纳吉布被解除一切职务。1954 年 2 月 25 日，纳赛尔成为埃及总统。1956 年 6 月 23 日，纳赛尔以 94% 的选票正式当选为阿拉伯埃及共和国总统。

1956 年 7 月 26 日，纳赛尔在亚历山大曼奇亚广场做了广播演讲。纳赛尔在演说中回顾了苏伊士运河近 100 年的变迁史，他斩钉截铁地说："我们决不让过去重演，我们将收回苏伊士运河的权利。"并在最后庄严宣读了《关于国际苏伊士运河公司国有化的法令》，将苏伊士运河公司收归国有，公司财产移交埃及政府。顷刻间全场沸腾，聚集在广场上的 25 万市民载歌载舞。苏伊士运河国有化犹如一声春雷，震慑了西方帝国主义。

1956 年 10 月 29 日，苏伊士战争（第二次中东战争）爆发，以色列军队在法、英飞机、军舰的支持和掩护下，闪电式侵入埃及西奈半岛。纳赛尔果断地命令埃军撤出西奈半岛，同时下令全国总动员，坚决还击入侵之敌。

10月30日，法、英向埃及发出最后通牒，要求埃、以双方立即停火，并从苏伊士两岸各自后撤，法、英军队进驻运河3个主要港口。纳赛尔断然拒绝。次日下午，法、英出动飞机轰炸开罗、亚历山大等城市，法、英、以侵埃战争全面爆发。

在空袭开始后召开的埃及内阁会议上，政府成员萨勒姆无耻地劝说纳赛尔："你已尽了你的一切所能……你去向他（英国大使）自行投降吧！"纳赛尔义愤填膺，凛然怒斥了萨勒姆。随即他向全世界发表气壮山河的声明：我们绝不投降，我们将为保卫埃及的每一寸土地而血战到底！他不顾个人安危，多次驾驶汽车，冒着弹雨巡视前线，激励官兵英勇杀敌。在战争最危急关头，他向埃及军民保证："我将和你们一起战斗，直到流尽最后一滴血！"他坚信正义之战必定胜利。纳赛尔坚定自信的爱国精神、大义凛然的英勇气概深深感染了埃及军民。埃及全国上下踊跃上阵，英勇参战。

在埃及人民顽强不屈地反抗下，法、英、以侵略者被迫在1956年11月6日宣布停火，随后撤出埃及。埃及人民在反击侵略的斗争中取得了完全胜利，收回了运河主权，基本清除了帝国主义在埃及的势力。纳赛尔成为埃及与阿拉伯世界人民心目中传奇般的领袖人物。

1958 年，埃及与叙利亚合并失败，纳赛尔国际声誉大损。

1967 年，纳赛尔领导并策划了阿以"六月战争"。他寻求用武力手段从以色列手中重新夺回西奈半岛。这一决策得到了联合国安理会的决议同意，称可以派遣紧急部队，保护其胜利果实。然而，最终因受虚假信息迷惑，埃及空军全军覆没，官兵伤亡 2 万人，西奈半岛被占领，运河被迫关闭，以色列占领了 6.5 万平方千米的阿拉伯领土⋯⋯

对于"六月战争"中以埃及为首的阿拉伯国家战败这一结果，纳赛尔感到万分愧疚。他宣布将辞去所有政治职务，承担此次战败的所有罪责。在纳赛尔发表声明后成，千上万的开罗市民聚集在开罗的主要广场、大街，一连 17 个小时，要求纳赛尔撤回辞呈；国民议会也进行了投票一致赞成纳赛尔留任。在全国上下的一致要求下，纳赛尔决定遵从人民的意愿，撤回辞呈，继续担任总统。埃及在"六月战争"中的惨败，给纳赛尔的身心带来巨大的创伤，他的健康每况愈下。但纳赛尔为重建军队、收复失地，仍然带病工作，日夜操劳。

1970 年 9 月 28 日，纳赛尔在送别最后一位参加阿拉伯国家首脑会议的客人科威特埃米尔后，于晚上 6 点 15 分突发心脏病去世。埃及人民的杰出领袖纳赛尔完成了生命的最

后冲刺，闭上了沉重的双眼，年仅52岁。噩耗传出，开罗
人民按照习俗，在暮色苍茫中冲出家门，奔向尼罗河畔，哀
悼这一伟人。10月1日，埃及为纳赛尔举行了隆重的国葬。

02

纳赛尔时期的女性政策及实践

在纳赛尔执政前，埃及女性文盲率高达91.3%。适龄男
女在初等学校入学率为26%、中等学校入学率为7%、高等
学校入学率为2.5%；其中女性在这三类学校的入学率的占比
依次为36%、19%、7%。

教育在一个国家的现代化进程中起着基础性作用，面对
如此高的文盲率，普及教育应该是政府进行社会改革时需要
优先考虑的事情。但是，1952年纳赛尔刚刚上任执政时期的
埃及，仍然是一个近2/3人口居住在农村的落后农业国，要
想普及教育，就必须先解决农民问题，改善农民的生活条件。
所以，纳赛尔政府优先进行土地改革。紧接着，为保证政权
的独立和纯洁，纳赛尔政府清洗了统治阶层中的腐败分子，
使国家政权完全脱离英国的殖民统治。为保证社会财富分配
公平，防止贫富分化，弱化社会矛盾，纳赛尔政府还出台了

促进社会公平的政策。然后，纳赛尔政府开始关注男女平等和普及教育问题。

在实行男女平等接受教育的政策后，埃及的受教育人口数量快速增长，尤其是女性受教育人口，较1952以前有了大幅度的增加。纳赛尔执政时期，高等院校录取新生取消了性别限制，对男女生平等开放，并实行惠及女学生的奖学金制度，使得更多的女性获得了受教育权利。纳赛尔政府打破传统教育观念，鼓励女性进入理工科专业学习，使得女性进入以往被男性垄断的行业。

纳赛尔政府实行鼓励和促进女性就业的政策，使更多的女性获得了外出工作的能力和权利。越来越多的埃及女性从农村走向城市，社会人口向上流动。受教育女性扩充了城市的知识分子群体，壮大了中产阶级的力量。女性自身素质的提高，还改善了人口出生条件、降低了儿童死亡率、改善了人口的营养状况……教育提高了女性的社会地位和政治地位。1962年，被纳赛尔任命为社会事务部部长的女博士希特迈特·艾布·宰德，是埃及近现代史上首位进入内阁的女性。

传统观念的束缚和师资力量的缺乏成为纳赛尔政府施行一系列教育政策的阻碍。为此，纳赛尔政府加大了在教育方面的投入，提高工程学和医学的社会威望，加大在科技方面人力资源的投入，鼓励女性进入学校，甚至实行免费的教育政策。

为支持女性走入社会，参加工作，纳赛尔政府颁布了一系列法令。例如 1956 年制定的埃及宪法第 52 条规定：所有埃及公民都有参加工作的权利，国家有义务为公民提供就业岗位。女性的工作权利得到了法律保障，越来越多的女性走出家门、走向社会，积极参与到埃及的建设中去。纳赛尔为女性的解放事业作出了突出贡献。

纳赛尔与中国

纳赛尔与中国也有不解之缘。在纳赛尔刚刚出任总统时，毛泽东主席代表中国人民为纳赛尔能够当选埃及共和国总统表示衷心的祝贺，并向埃及人民送去美好的祝愿，纳赛尔也为此向中国表示美好的祝愿和感谢，为中埃友谊发展做出美好展望。

1956 年 5 月 16 日，埃及共和国政府（即纳赛尔政府）正式宣布承认中华人民共和国，并表示愿意建立外交关系。周恩来总理特地为纳赛尔发去谢词，向埃及表示愿意两国建立正式的外交关系并互换使节。在之前的亚非会议上，中埃两国已在文化、贸易方面展开了合作，周恩来总理对中埃两国关系的进一步发展和更多方面的进一步合作表示出友好的态度，对中埃两国的共同发展提出了美好愿景，并向纳赛尔总统提出了诚挚的访华邀请，希望纳赛尔能够来中国访问，为中埃两国的进一步合作发展协商共谈。

1956年5月24日，纳赛尔总统接受了周恩来总理的邀请，并对中埃两国的共同发展表示出强烈的信心，对万隆会议上达成的共识表示深深的赞同，并再次表达了对中国人民的美好祝愿。但由于不久后埃及爆发战争，纳赛尔访华日期无限期推迟。

1956年5月30日，中埃两国政府发表联合声明，宣布正式建立外交关系，埃及成为与新中国建立外交关系的第一个非洲国家。

1956年11月10日，周恩来总理就反法、英、以侵埃战争向纳赛尔致电。周恩来总理表示，中华人民共和国是埃及人民反抗英国、法国以及以色列从一而终的盟友，在反侵略战争中，中国愿意向埃及无条件地提供力所能及的一切所需，并向埃及无偿援助2000万瑞士法郎。中国政府以及中国人民始终支持埃及人民正义的反侵略战争，始终站在埃及人民的一方。古埃及、古中国，曾经都是人类文明的奠基地。近代同样遭受着被侵略的命运，同样经历了外族的侵略和血淋淋的惨剧……他们都睁开了觉醒的眼睛，开始在世界民族之林屹立，他们开始发出自己的声音，共同在强权的蹂躏下争取原本就属于自己的权利。他们在自强！他们在崛起！他们在风雨里互相搀扶着、谱写着属于各自的奇迹！

1963 年年底到 1965 年 6 月，周恩来总理曾两次访问埃及，与纳赛尔总统会见、会谈。

中国与埃及的友谊一直持续到今日，中埃两国自始至终地贯彻着万隆会议精神，坚持和平共处五项基本原则。从纳赛尔执政以来，中华人民共和国是埃及共和国不离不弃的坚实盟友，为埃及人民尽可能地提供他们所需，同埃及人民共呼吸，与埃及人民一同走过风风雨雨，走进新时代，共同书写人类文明发展史的辉煌与奇迹！

04

功与过——历史的评判

1952 年 7 月 23 日，自由军官组织在纳赛尔的领导下，推翻了统治埃及近一个半世纪的法鲁克王朝，建立了以自由军官为核心的军人政权。在纳赛尔执政期间，他承认苏丹独立，把苏伊士运河收归国有，建造阿斯旺水坝，实行土改，执行庞大的工业化计划，实施群众教育，进行社会改革。他改善了女性学习、从业的环境，立法保障了女性的各项权益，提高了女性的社会、政治地位。他领导人民抵抗非正义的法、英联军和以色列军队的入侵，在强敌面前毫不退缩，身先士卒，与强敌抗争到底。他毅然摆脱资本主义国家阵营，建立共和国，实行社会主义制度，保障埃及人民的各项基本权益……在纳赛尔的领导下，埃及从列强的控制下走向独立。

埃及最多的人口是农民，要想实行国民教育，必须先解决人民的温饱问题。于是，他大刀阔斧地颁布各项有利于农业生产的法令，实行土地改革，保障农民可以拥有耕作的土地。为保障社会财富公平分配，他还颁布了一系列的律令，从而缓和了社会矛盾，保证了各项政策措施的贯彻落实。

国民的文盲率如此之高，国家的繁荣富强要怎么实现？"百年大计，教育为本"，教育是富国强民之路。为了普及国民教育，纳赛尔实行免费的教育政策，他秉承人人平等的原则，让更多的女性接受教育，让女性走进以往被男性垄断的行业，并颁布一系列保障女性权益的法律，使得女性的社会地位以及政治地位较以前有较大改观。他间接解决了以前一直困扰埃及的一系列社会问题，如国民卫生问题、性别歧视问题、社会暴力问题等。

但是像历史上的其他许多伟人一样，世人对纳赛尔的评价也褒贬不一。

纳赛尔虽然采取了许多措施以保障公民权利，但他也未能解决许多发展中国家的通病——人口的迅速增长。他并没有建立起一个真正意义上的民主制国家：纳赛尔政府的统治是建立在绝对武力的控制下的。实际上，埃及存在着大量的失业人口与城市贫困化问题，依旧面临沉重的外债压力。庞大的军费开支也为埃及带来严重的财政压力。

纳赛尔在世时也遭受了来自各方面的反对，有纳赛尔的老牌敌人——穆斯林兄弟会成员，他们甚至曾行刺纳赛尔；有左翼青年，他们赞成巴勒斯坦游击队而反对正统的共产主义。纳赛尔政府也面临很多困难，在实行普及国民教育政策后，中产阶级在纳赛尔的帮助下壮大了力量，他们要求实行更广泛的民主，希望得到更广泛的政治权利。因为纳赛尔政府组成成分复杂，知识分子代表的中产阶级反对由以前的腐败军官组成的官僚阶层来掌握国家机构。其他出身于不同时代、有不同政见的阿拉伯民族的官员，站在阿拉伯民族的立场上，要求能够更好地实施阿拉伯国家联盟政策，而不是像往常一样只停留在形式上。

在对外政策和行动上，纳赛尔盲目信任大国。战争使埃及损失了大量土地，这也是纳赛尔一生中最悔恨的事情。在处理阿拉伯国家地区信仰问题上，他持有宽大包容的态度，但是，纳赛尔的阿拉伯社会主义并没有解决困扰埃及已久的贫困问题。

纳赛尔曾经著有《革命哲学》一书。在书中，他阐述了埃及历史上的历次革命，指明了埃及人民应走的道路，划出了他认为埃及应当主要活动的三个范围，即阿拉伯世界、伊斯兰国家和非洲地区，并在书中表达了埃及人民与各国人民对和平友好的美好祝愿。他的反帝反封建思想和爱国思想在这一著作中被生动地反映出来。

昔人已去，纳赛尔的功过应当交由历史去进行公正的评判。请铭记这个埃及民族的英雄和总统的名字——加麦尔·阿卜杜勒·纳赛尔!

诗心向国

——巴鲁迪

.
.
.

.
.
.

迈哈穆德·萨米·巴鲁迪（Mahmud Sami al-Barudi，1838—1904年），埃及近代著名诗人，近代阿拉伯诗歌复兴运动的先锋，著有《巴鲁迪诗集》2卷，编有《古代诗选》4卷。他从小酷爱文学，阅读了大量阿拉伯古代诗人的著作，深受其教益和影响，在20岁左右开始创作诗歌，后到土耳其，又研读了大量阿拉伯的历史、宗教、哲学及文学著作。诗歌只是他生命的一部分，他12岁时进入开罗军事学校学习，1854年毕业后在军中任职，还曾赴英、法参观军事检阅和进行军事考察，1877年参加了俄土战争，1882年参加埃及阿拉比领导的抗英武装斗争，成为领导成员之一，失败后被流放，1900年获赦后重返埃及。他的诗歌记录了个人曲折而丰富的生活经历，表述了爱国主义的民族感情，深刻反映了当时埃及的社会现实，对后来各流派诗歌的发展影响较大。

巴鲁迪是近代阿拉伯世界文学的标志，他的作品在那个悲壮的年代给予了无数人重新振作、保家卫国的勇气。在狼烟四起的年代，他深感国家兴亡，匹夫有责，始终站在斗争的最前沿。巴鲁迪的伟大，不仅在于他在文学上充满深沉的爱国情感的真挚表达，还有他在政治、军事上的突出贡献。这位文武双全的英雄，始终在为祖国、为爱战斗着。

01

生命的可歌可泣

我避免与人为伍，这倒
成全了他们想躲开我的心愿。

我对飞短流长不屑一顾，尽管
胸中充满对每句闲言的答辩。

我离群索居才足以生存，我
在暗算者缺席时得享平安。

让妒忌者随心所欲说什么吧！
我的听觉于恶语永不灵便。

万事皆难瞒过我，但是
我装聋作哑，谨慎是大智若愚的伙伴。

满足于苍苍白发吧，它是

谨慎的兄弟，坦途的指南。

人是一帧图画，终将褪色，
生命的结束正是莽荒的起点。

这首《哪里去了，我欢乐和青春的岁月》（节选自《阿拉伯现代诗选》，湖南文艺出版社），是巴鲁迪晚年的作品，是他的代表作之一。当人生的步伐踏入晚年，时光沙漏所剩无几，诗人猛一回头，才发现，曾经的那个翩翩少年如今已经脊背佝偻，曾经强劲有力的双手竟已变得有些颤抖，皱纹已经掩盖了曾经的风华，视线已经模糊了昔日的回忆。诗人不由长叹一口气，感叹着：我的青春什么时候被时间带走了？看那稚嫩童年意念萦绕，嬉戏往事永驻心间；青春年代已经远逝，随风飘散不再回还；褴褛中年漂泊天涯，鬓白须长迷茫衰颓。

这首诗歌是作者在经历漫长的人生旅途、遍尝人情世故后的感慨。他用自己的睿智面对人生的各色景象，相信前方是明媚的未来。

当人生列车驶向老年，人才真正地看清许多事物的本质，留恋岁月，珍惜拥有，以老年人独有的宽容心态去包容世界。人生短短几十年，到老方才明白，一生的努力与付出，不过是广袤沙漠中的一粒浮尘，漫长的岁月时光换来的是心静如水，百川归海。诗人在花甲之年追忆青春的美丽，冷静地去看待世事百态。他开始明白，胜利、财富、权力、名声、地位，这些外在的事物都不过是昙花一现，当你赤条条地奔赴死亡之时，哪一个都不能带走；开始明白疲惫、孤单、落寞、痛苦、悲愤，这些内心的感受都会刻骨铭心，当你游弋岁月的江河时，哪一个都是真实感受。无拘无束，随心所欲是一辈子，积极乐观，不在意他人的想法也是一辈子，那为什么要选择随波逐流，深陷泥沼，让自己两手空空白走一遭？

1838 年的一天，那是一个依旧如往日一样风和日丽的日子。一个在门外等着的男人左右徘徊，心急如焚。随着一声婴儿的啼哭从房间里传出来，男人才舒展了紧皱的眉头，长长地舒了一口气，欣喜宽慰之情溢于言表。

这个新诞生的小生命，父母为他取名叫巴鲁迪，是塞加西亚族人，马穆鲁克王族后裔，他的父亲曾是朝廷的大官。虽然巴鲁迪 7 岁丧父，但他的家人悉心抚养他成长。在 19 世纪 30 年代末相对和平稳定的环境里，尊贵的出身、富裕的家庭使他的童年无忧无虑，自在快乐。巴鲁迪从小受贵族家庭的熏陶，十分热爱阿拉伯文学，喜爱诗歌，渴望成为长辈们，尤其是舅舅易卜拉欣那样的文学大家。他聪明伶俐，乖巧听话，家族长辈们相当喜欢这个小家伙，热情地教他读书写字，画画吟诗，时不时地带他出去，去看埃及举世辉煌的金字塔、庞大雄伟的狮身人面像、波光粼粼的尼罗河，带他领略埃及古老的文明。埃及的一草一木，一房一窗都在小巴鲁迪的心中留下了深深的烙印。

天才之所以成为天才，不仅是因为他天赋异禀，还有他为之付出的努力。巴鲁迪几乎每时每刻都在拿着一本书慢慢品读，遇到不懂的就会及时请教。通过刻苦努力，他12岁就考入当时令所有塞加西亚人以及土耳其人都向往着的、象征身份和荣誉的顶级学府——开罗军事学校。

军校的生活无疑是艰苦而枯燥的。巴鲁迪还是一个稚气未脱的小孩，在这里他需要付出比别人更多的努力，做更多的训练。1854年年末，巴鲁迪从军校毕业，成了一名青年军官，开始了他漫长而坎坷的军旅生涯。然而，他另一领域的工作并未停止。他首先是学习阿拉伯古典诗歌，背诵了许多古代著名诗人的作品。每一次训练回来，尽管体力已经透支，可他还是会忍不住拿过一本书，在灯下细细翻阅。在文学的滋养下，他觉得自己好像又精神抖擞了。他白天忙于军务，晚上则沉浸在阿拉伯古代文学的世界里。

1858年，20岁的巴鲁迪凭借着坚实的文学基础，开始了他的诗歌求学之路。他意识到只有读著作原文才能了解翻译中遗漏的内容，才能更深刻地理解阿拉伯其他地区的文化。

为此，他开始学习其他语言。巴鲁迪日夜努力，短短几个月内，就学会了土耳其文和波斯文，这为他继续深入了解和解读阿拉伯的经典文学打下了良好的基础。在综合研究阿拉伯地区的历史、宗教、哲学及文学等古籍的基础之上，他继续钻研阿拉伯诗歌，模仿古代名家名篇进行创作练习。

之后，巴鲁迪感到自己需要有一种新的生活和环境以利于创作，于是他去了伊斯坦布尔，在奥斯曼帝国外交部工作。在那里，他刻苦钻研波斯文学和土耳其文学，并在伊斯坦布尔的图书馆里阅读了许多古代阿拉伯诗集。

02

峥嵘岁月的艰苦抗争

穆罕默德·阿里十分重视引进欧洲各项先进技术，这使得埃及逐渐成为非洲第一强国。在北非、中东地区，埃及军队更是所向无敌，先后攻占奥斯曼帝国的多处领土。埃及的强大，引起了列强的不满。

早在 1839 年，就是巴鲁迪出生的第二年，英国不甘心埃及这片原料产地落于他人之手，便开始唆使奥斯曼帝国再次对埃及发动战争。

1840 年，第二次土埃战争，埃及在西亚战场全面溃败，英军在亚历山大成功登陆，埃及军队无力抵抗。英国、奥匈帝国、普鲁士、奥斯曼帝国、沙皇俄国等列强胁迫穆罕默德·阿里签订关于第二次埃土战争问题的伦敦条约，要求埃及军队撤出所侵占的奥斯曼帝国领土，并承认其统治权。穆罕默德·阿里被迫接受了屈辱的和约，埃及逐渐沦为英、法等国的原料产地，工商业大为衰退。

到 1854 年，埃及已经陷入了百年历史中的灾难时期，穆罕默德·阿里的继承人阿拔斯一世（穆罕默德·阿里的孙子，易卜拉欣的侄子，1849 年继位为奥斯曼帝国的埃及总督，称阿拔斯一世·希里米帕夏）并没有意识到这是一场空前的社会大危机，他草草结束了穆罕默德·阿里开创的全面复兴运动，使改革功亏一篑。阿拔斯一世顺从奥斯曼帝国的要求，解散了埃及军队，关闭了大批学校。1856 年，英国在阿拔斯政府取得修建亚历山大至开罗的铁路特权，并在沿线架设电缆，控制了埃及的铁路和电信业。同年，法国取得苏伊士运河的开凿和运营特权……他的继任者赛义德更是坚决执行阿拔斯一世的各项政令，这样一来，没有了军队，只会让埃及更加依赖宗主国；没有了学校，只会让埃及辉煌灿烂的文明蒙尘；引进西方帝国资本，只会给埃及人民套上更加沉重的内外双重枷锁。埃及彻底沦为奥斯曼的附庸，成了任人宰割的羔羊。

但是，长久被压迫的埃及人民，星星点点的愤怒汇聚在了一起，最终一场轰轰烈烈争取民族解放的斗争不可避免地爆发了……

这就是巴鲁迪早期生活的时代，这种时代大背景造就了巴鲁迪后来极为不一般的军旅生涯，也对他后来的生活、创作道路有很大影响。

1863 年，埃及高级官员伊司马仪总督访问伊斯坦布尔，机缘巧合，结识了在这里工作的巴鲁迪。伊司马仪十分赏识巴鲁迪的才干以及他的政治态度，便邀请巴鲁迪做自己的幕僚。随后，巴鲁迪随伊司马仪总督回到埃及。在伊司马仪的大力支持下，巴鲁迪先后在骑兵部队担任不同的官职，并有机会观看法国年度军事检阅、参观英国军事设施……巴鲁迪的军旅生涯平步青云，一帆风顺，他此时创作的诗歌也展现出生活的安逸、自然的美丽、军人的勇敢、骑士的善战等较为积极向上的画面。

1866 年，为支持奥斯曼帝国镇压克里特岛的农民起义，伊司马仪派出援兵，巴鲁迪随军前往。由于事态紧急，距离遥远，军队离开开罗后，长时间昼夜不间断行军，士兵们拖着浮肿的双腿，挂着枪械，艰难行进；马儿们驮着物资，行动缓慢；将军骑在马上，脑袋歪在一边，眼睫毛都在打架，刚闭上双眼，却被马铃铛惊醒。巴鲁迪在诗中如是写道：

> 昏沉沉，
>
> 人困眼睑合。
>
> 夜行军，
>
> 马铃催人急。

1877 年，为争夺势力范围，沙皇俄国向奥斯曼帝国宣战，第十次俄土战争爆发。埃及作为奥斯曼帝国的附属国，不得不出兵协助作战。巴鲁迪主动请缨参加战斗，因在战斗中的英勇表现，多次获得嘉奖。巴鲁迪回到埃及后，先后担任东方省省长、开罗市市长。这一时期恰逢埃及民族运动兴起，社会上涌现出一大批改革家，他们通过报纸这个新兴媒介来传播政治主张，谴责伊司马仪政府的贪污腐败，反对外国插手埃及的政治经济事务，造成了广泛的社会影响。俄土战争使巴鲁迪认识到战乱给百姓带来的灾难，认识到侵略者的凶残面目。他感到体内的愤怒在积聚，他再次奋笔疾书，用诗歌记录下侵略者的罪行，用笔锋刺破他们的假面具，他在呐喊：

> 埃及的人民啊，
>
> 快点从睡梦中醒来吧！
>
> 用你们的双手，
>
> 拿起武器，

把这群野蛮的入侵者赶出家门，

重新恢复埃及的荣光吧！

1879年，伊司马仪总督卸任，陶菲格作为领导人上台执政。陶菲格是一个顽固保守的贵族，为了维护自己的利益，表面上响应国内的改革呼声，同意建立先进的议会制度，暗地里却联合外国资本家势力，建立了"欧洲内阁"，疯狂掠夺压榨人民，逮捕残害革命斗士……巴鲁迪为这虚伪的政治而心寒，毅然辞职退出陶菲格政府，加入革命的浪潮之中。为了反抗这些残酷的暴君们，巴鲁迪利用自己的影响力，号召爱国者统一起来，建立了埃及第一个革命政党——祖国党。祖国党以本地军官和知识分子为主体，强调要建立"埃及人的埃及"，要求实行宪政体制。巴鲁迪是祖国党主要创建者之一。

1882年2月，为反抗陶菲格政府的残暴统治，祖国党组建新政府，巴鲁迪任首相，拟定了新的施政纲领，革命风暴很快席卷全国。陶菲格惊慌失措，向英国殖民当局求救。他们采取各种卑劣手段，围追堵截革命队伍，打击阻挠新政府。陶菲格政府使埃及彻底沦为英国的殖民地——土地被强占，经济畸形发展，外资企业堂而皇之地在埃及的土地上热火朝天地建造起了工厂，理所当然地开采着埃及的矿产资源，像在免费市场一样来去自如。

1882 年 7 月，英国军队大举进入埃及。年轻的祖国党政府带领人民进行了坚决抵抗，但由于缺乏必要的物资、先进的武器、充足的弹药，加之国内反动势力趁机报复，最终轰轰烈烈的革命再次被残酷的敌人镇压，祖国党重要的领导成员被逮捕。他们在敌人的严刑拷打下并没有泄露一点消息，后被放逐到锡兰（今斯里兰卡）。巴鲁迪在流放地锡兰待了17 年，他写下了许多诗篇，这些诗篇集中反映了他忧国忧民、思念祖国亲人的真挚感情。在锡兰，他还广泛搜集阿拉伯古代诗歌，选了 30 个诗人的作品编辑成《古代诗选》。

1900 年，巴鲁迪收到祖国的特赦令，结束了长达 17 年的流放生活，回到埃及。重获自由的巴鲁迪放弃进入政界，专攻文学，开始了新的生活。他在开罗的家成了当时文学家、作家、诗人聚会的地方。1904 年，巴鲁迪逝世。他的遗孀主持出版了《巴鲁迪诗集》2 卷和他编选的《古代诗选》4 卷。

03

诗人的文化苦旅

在 16 世纪初到 18 世纪末这段近 300 年的时间里，奥斯曼帝国完全统治了阿拉伯各国。在奥斯曼帝国的黑暗统治下，阿拉伯地区的政治、经济一直处于停滞的状态。文化总是与经济、政治相互联系的，因此，缺乏良好的环境和动力的文学，很难取得成就。在 19 世纪上半叶，埃及的作家们依然固守传统，不敢突破前辈们的规制，以致埃及的文学处于一种特殊的静止状态。文学的创作一直讲究韵律和谐，修辞方面仍十分注重辞藻的华丽，逐字逐句精雕细琢，无论是在形式上还是内容上，都没有特别显著的变化。这种僵化、空洞的文学创作现实成了埃及文学最大的困境。后来者长期受困于早期文学的传统思想，即使想要摆脱这种处境，但因为缺乏经验，一时之间也很难突破瓶颈。那个时候，最具有创新改革精神的雷法阿·塔哈塔威(1838—1904 年，埃及诗人)和阿里·穆巴拉克(1823—1893 年，埃及工程师、作家和教育家)经过多次的尝试，却都以失败告终。

拿破仑是享誉世界的战神，他的每一次出征都伴随着法国版图的扩大。1798 年，拿破仑把殖民的手伸进非洲这片土地上，位于非洲北部的埃及成了第一个被征服的目标。装备先进的法国军队整齐划一地在埃及登陆，宣告着埃及人民艰苦而漫长的反侵略战争拉开了序幕。

战争不仅仅是军事政治的扩张，还伴随着经济文化的渗透。随着法国军队的到来，欧洲先进的文学思想也被带到了埃及，一本本充斥着民主自由思想的书籍，一部部洋溢着人性科学的典著，激活了阿拉伯文坛的一潭死水。随后的文学界开始了传统与改革之争，改革派接受先进文化后，开始进行文学的创新，模仿西方的创作手法，试图建立一种新的文学形式和体制；而传统派则固守着传统的文学创作方式，排斥一切外来文化，拒绝发生改变。在阿拉伯世界的文学史上，这100多年时间被称为现代文学复兴时期。

巴鲁迪生活在一个新旧交替的时代，他的文学风格、文学个性生动而又具体地体现了他所身处时代的变化以及他的人生经历。

丰富的生活经历和多彩的学习生涯，为巴鲁迪在文学艺术上取得巨大成就奠定了基础。巴鲁迪出身于书香门第的贵族家庭，他的舅舅易卜拉欣是当时诗坛的一名巨匠。因此，他的诗歌创作天赋被舅舅不断地发掘，巴鲁迪自己也曾说过是舅舅教会了他如何更好地去创作诗歌。

巴鲁迪认为，要成为一名诗人，需要有深厚的功底与长期的训练。所以他认为，只从埃及获得的阿拉伯古典文学中汲取知识是远远不够的，还要与波斯文学、土耳其文学以及欧洲的英国文学进行对照研究。后来他来到伊斯坦布尔工作，在这里他拥有了更多的机会去追寻经典的脚步，探索古典文学的奥秘。他不断出入伊斯坦布尔的各大图书馆，着迷地阅读着在时间的掩盖下依然熠熠生辉的古代经典文学作品，阿拉伯诗集、伊斯兰古诗等这些在外面已经找不到初版的书籍都被他从各个尘封的角落找了出来。他为里面的每一个字母而兴奋，为每一种新颖的表达手法而激动，他废寝忘食地研究着那些人类文化的宝贵遗产，在继承模仿优秀古老文学的基础上不断创新，并由此逐渐走出了一条属于自己风格的诗歌创作道路。他在军队中的职务使他经常出访各国，这一便利条件让他拥有更多来到西方文化本土的机会，让他能更好地了解西方文学产生的背景，感受那里的文学气息。

与西方文化的频繁接触，让他在创作上产生了巨大的变化。尽管他的诗歌创作形式仍旧是以传统的古典文学为主，但在内容上已经进行了积极的创新。他站在了阿拉伯文化复兴的制高点，走在了时代的前列。他诗作进步的内容和新奇的形式兼容，突破时代的局限，将西方文学与埃及传统文学有机地结合在一起。他认为西方的现实主义以真实的社会生活为素材，在作家们的精心加工下，得以成为一部部经典的著作，所以生活才是诗歌最好的素材来源，生活的千姿百态为创作的丰富多彩奠定了基础。于是他开始走向底层人民，感受千千万万个普通百姓在国家危难之际的生活和情感，他看见的是最淳朴真挚的爱国情怀。很多的百姓已经失去家园流落街头，而当他们谈到国家，眼睛里却总是闪烁着光亮；很多平民都已经没有办法保证温饱，却对来自殖民者的施舍嗤之以鼻……于是他把普通人民的生活情况和自己的情感体验糅合在一起，用独特的艺术手法书写埃及人的故事，创作出不朽的诗歌，使阿拉伯文学打破了僵局，开始重新繁荣起来。

作为阿拉伯诗歌复兴的先驱，巴鲁迪给诗坛注入了新的能量，开辟了新的方向，在阿拉伯文化的发展中起着承前启后的作用。

巴鲁迪的一生是曲折的一生。他的显赫出身给他带来了幸福的童年，却让他不得不被卷入政治斗争中；少年时的军旅生活让鲁巴迪明白了保家卫国的意义，加深了他对国家的热爱，让他誓用生命守护这片土地；波澜起伏的民族解放战争，深入人民之中的生活体验，磨炼了他坚持不懈百折不挠的精神品质……复杂沉重的人生经历深深影响到巴鲁迪的艺术风格。他的诗歌中总是有泣血的爱国热情，他的诗歌是那个时代不曾消退的民族解放和民主自由精神的永恒。

面对阿拉伯文学界依然保留的无病呻吟、与时代脱节、与现实不符的诗歌，巴鲁迪透露出深深的厌恶之情。他认为那些劣质的、矫揉造作的诗歌是无法与中古时期的阿拉伯诗歌相提并论的，甚至不配称之为作品。看不惯这种现状的巴鲁迪，下定决心要复兴古代诗歌的辉煌，引领阿拉伯诗坛向积极进步的大道前进。他知道阿拉伯的文学界需要一个领头羊，虽然他不认为自己可以完美扮演这一角色，但是抛砖引玉还是能够做到的。

巴鲁迪是赛加西亚人，他的祖先们曾统治过埃及。在看到埃及的光辉历史、古象形文字不断被发现，古遗迹不断被发掘时，巴鲁迪那倔强的性格、远大的抱负、民族的精神和爱国的热情不断地被激发出来，他力图在诗歌方面重现先辈们所创造的辉煌。巴鲁迪通过阅读大量历史文献，了解了阿拉伯的文学巅峰期——中古阿拔斯王朝时期的方方面面，他大量阅读这一时期的著名诗人的著作，深切地感受到了先辈们的伟大，自豪激动的情感在他心里激荡，更在他的笔下得到了生动而又形象的展现。

在巴鲁迪的内心深处，萌动着对祖国壮丽景色、辉煌文明无比自豪的情感。再一次站在故乡的土地上，再一次来到举世闻名的大金字塔前，他了解这千年的风雨历史，他感叹这民族的繁荣兴盛，他追问这伟大的历史遗迹。他怀着骄傲、激动的心情，写下了《金字塔颂》这篇传世佳作。

巴鲁迪在受到伊司马仪总督重用之后，到阿拉比革命起义之前的这一段时期内，生活安稳自在，无忧无虑。这一时期他的爱情诗缠绵艳丽，抒情诗婉约清丽，写景诗清新自然……这些诗歌描绘了埃及的美丽景色和花香鸟语，真实地反映了他欢乐愉快的生活。悠悠白云飘动下，棉花种子埋入土壤，开始了它的沉睡。在雨水的滋润下，它睁开蒙眬的双眼，挣扎着摆脱束缚，钻出地面，开始成长。经过棉桃碧绿期，走过妖娆绽放期，在阳光的眷顾下，它走向收获的季节。尼罗河肥沃的土壤，孕育着千百年来的埃及文明，更孕育着美好的未来。他那首赞美枝头棉花、意蕴悠长的佳作《咏棉》由此诞生。

> 朵朵棉花金灿灿，
>
> 恰似娇娘美服扮。
>
> 棉桃碧绿如宝石，
>
> 花朵盛开花烁闪。
>
> 黧黑干条土里扎，
>
> 绿色枝权四下展。
>
> 每每瞥见这瑰宝，
>
> 实现希望在眼前。

巴鲁迪主张彻底的社会改革，反对任何形式的侵略。为造福黎民百姓，他曾一度徘徊在王室与人民中间，即一方面忠于埃及王室，另一方面又不违背人民的意愿，从而进行和平的、没有硝烟的、像英国光荣革命一样的改革。但这种想法终究属于空想，封建王朝的根本利益与人民大众的利益总是针锋相对的。压迫与反抗的对立，最终不可避免地导致了轰轰烈烈的人民大起义。此时英国和法国两个时刻想着吞噬

非洲的殖民者插进手来，使局面更是诡异复杂。他认识到在
英、法侵略者与封建王朝的联合镇压下，人民群众和军队若
直接对抗，只会造成生灵涂炭。现实和理想的极大落差让他
清醒，他在诗作中写道：

　　我忠告民众，

　　战争是一场悲剧，

　　事情或许，

　　不像所想象的那样顺利。

　　巴鲁迪始终是属于人民的。人民起义后，革命的发展受
到多方面制约，处处碰壁，让他经常心存忧虑。他知道帝国
主义干涉内政是为了使埃及更快地从内部土崩瓦解，以便他
们从中坐收渔翁之利。他为革命者遭到不幸而感到痛苦，更
为人民群众惨遭暴行而愤慨万分。世界革命浪潮浩浩荡荡，
无论暴力革命也好，和平改革也罢，既已开始，便无后退一说。
只要人民需要他，他会义无反顾，勇往直前。为此，他特地
用诗句响应人民的号召：

　　他们违背我的主张，

　　发动了起义。

　　他们本应听我的劝告，

　　但事情已无可挽回，

　　是件好事或坏事不再是秘密。

他们若呼唤、号召我，

我就响应，

我的秉性是实现理想，

信守诺言。

即便革命的现实与他理想的改革产生冲突，他始终站在民族运动大潮的一边，响应着革命的召唤。当和平改革之路布满荆棘，无法前进之时，要么后退，回到受压迫的日子，要么拿起武器与反动派拼个你死我活，他从心底呐喊：

民众啊，奋起吧！

珍惜宝贵的年华，

以各种方式和途径，

去争得我们的利益。

你们人多势众，

怎能容忍耻辱？

怎能表示无可奈何？

……

面对祖国过去的辉煌和现在的衰弱，巴鲁迪陷入了深深的沉思。穆罕默德·阿里虽然短暂地缓解了埃及人民的苦难，但是随后埃及又再次落入了帝国列强侵略的魔爪，受到了更加惨无人道的剥削。王朝已经不再是曾经的王朝，王位形同虚设，贪官污吏横行乡里，封建官吏像魔鬼一样鱼肉百姓，人民的财产被巧取豪夺，国家已无正义可言，白色恐怖笼罩着一切。巴鲁迪感到深深的绝望，他认为任何和平改革已无法挽救埃及，只能武力去反抗这腐朽的一切，用武力去拯救埃及，改变埃及。所以，他为祖国的现状而怒吼，他为自己的主张而呼吁，他为人民革命而号召。一首名为"起义的原因"的小诗，描述了王朝的混乱、社会的黑暗，字里行间透漏出革命的迫切性：

> 在安谧、宁静之后，
>
> 埃及时运不济，
>
> 王室基础动摇，
>
> 混乱、腐败比比皆是。
>
> 敲诈、欺凌，
>
> 农民不得不抛弃土地，
>
> 破产、倒闭，
>
> 商人不得不停止生意。
>
> 恐怖笼罩了一切，
>
> 时到子夜，
>
> 青年还未能入睡。
>
> 唉，沉睡的埃及！
>
> ……

巴鲁迪绘声绘色地描写了战争的激烈，他用笔书写着战斗的激情，他给古典诗歌注入战斗的魂魄，让诗歌展现了新的时代精神，充满血性。在这一时期，巴鲁迪的诗作可谓是句句泣血，字字含泪。他怒，怒殖民者的随意入侵和无恶不作；他悲，悲埃及人民的痛苦哀号和绝望挣扎……他用的大都是歹徒、恶棍、痛苦、不幸、唾弃、屈辱一类充满了仇恨和悲伤的词语。诗人目之所及，是战争结束后的一片狼藉，曾经那个无比强大令人骄傲的祖国埃及消失在了他的视野。他看到是统治者认贼作父，苟且偷生。到处是钩心斗角的黑幕，到处是背信弃义的谎言，到处是尔虞我诈的阴暗……人们在谎言中煎熬，在深渊中徘徊，在痛苦中绝望。这是阿拉伯民族的不幸，是伟大埃及的不幸，是千千万万贫苦的埃及人民的不幸！但他相信阳光终将会突破云层照耀大地，相信美好的未来终将会到来。只要人们还在坚持，只要钢铁般的意志还存在，黎明的曙光最终必将照亮那寒冷的黑夜。

巴鲁迪在作品中铿锵有力地传达出自己的政治主张，表达了他的远大志向。他用饱含深情的文字唤起人们的斗志，呼吁用民主宪政替代封建专治，用人民的力量抵制列强对埃及的霸凌，实现政治独立、人民自治，恢复祖先的光荣，重现本属于埃及的辉煌。巴鲁迪以坚定的信念，精湛的艺术，过人的才华，把他的满腔热情书写到了纸上，把他的昂扬斗志传递到了祖国的四面八方。他为诗歌注入了铁一般的意志，使埃及人民燃起了希望之火！

可是，现实是残酷的。人民起义的力量与殖民者的势力相比还是太过弱小，最终埃及人民的抗英斗争被镇压，巴鲁迪被殖民者放逐到了锡兰岛上。离开祖国的那天，巴鲁迪看着尼罗河默默地流泪了。他再一次虔诚地跪在地上，闭上眼轻轻地亲吻了这片他热爱的土地。

在锡兰，巴鲁迪遭受到一生中最大的磨难，各种压抑的情绪时刻都在心头缠绕。于是他再一次拿起来纸笔，写下他挥之不去的记忆和忧思，祖国的苦难和他的苦难不知不觉间已经紧密联系在一起，他对祖国的爱已经深到连他最喜欢的创作也无法化解。真实的生活经历、细腻的刻画描写，字字吐露着真心，这样的复杂而真实的交汇，迸发出的是时代的力量，他的作品因为这段磨难而更加精粹。

1900 年，巴鲁迪在锡兰被流放 17 年后得到政府特赦。步入老年的巴鲁迪对诗作更精益求精，他发扬古典诗歌的优秀成果，批判其中的糟粕，并创作出大量通古达今、反映时代、极具内涵的诗歌。

第一次世界大战后，受埃及革命的影响，阿拉伯世界风起云涌，纷纷开展了以民族解放为目的的斗争。西方殖民主义者逐渐取代了奥斯曼帝国封建统治，而阿拉伯世界也被全新的思想改变。

19 世纪末 20 世纪初，在先进思想的熏陶下，维新派迅速崛起。他们通过文学作品在诗刊报纸上积极宣传自己的政治理念和思想主张。民主、自由、科学、进步等具有时代感的新思想，一时之间风靡埃及。随着时代的发展、改革人士的推动，阿拉伯的文学界也发生了巨大的变化。

随着以西方国家为主体的全球经济市场的基本确立，西方文学也随之影响全球。阿拉伯的作家们也学习借鉴西方文化，结合阿拉伯古典文学，进行创作，在思想内容和艺术手法上都有进步，创作水平明显提升。在他们的努力下，阿拉伯文学开始显现出全新的活力，新时代的新思想渗入他们的文字里，给更多的人带去精神指引。在诗歌方面，形式上仍然是阿拉伯传统的、有严格韵律结构的旧体格律诗；内容上则产生了新的变化，所要表现的主题扩大到了反映社会的、政治的、民族和宗教的等各个方面。

迈哈穆德·萨米·巴鲁迪正是这一新局面的开创者。

04

先驱者的史诗影响

巴鲁迪是阿拉伯现代文学复兴的先驱，是阿拉伯现代诗歌的先锋，是近代阿拉伯最杰出最具影响力的诗人。他一改当时诗歌的陈腔滥调，使阿拉伯诗歌散发出新的活力。他的诗歌展现出艺术性与史实性的高度统一，不仅带给新时期读者全新的感受，还激发了其他诗人新的创作激情，具有里程碑意义。

阿拔斯王朝时期曾是文学巅峰时期，文学名家辈出，文学佳作更是数不胜数，文学的思想性与艺术性高度融合统一，是阿拉伯文学史上光辉灿烂的一笔。但由于此后几百年的黑暗统治，阿拉伯诗歌一度处于衰落边缘。巴鲁迪为诗歌注入了一些新时期的新内容，如赞颂秀美的山川景色，褒贬历史重大事件，感怀民生百态，倡导反侵略斗争等。巴鲁迪的诗作与蓬勃发展的民族运动相结合，与民族思想解放相结合，与时代步伐相结合，忠实地反映祖国、民族和人民的愿望，深刻地反映出时代精神，成为阿拉伯文学前进的号角，成为阿拉伯人民抗争的战书，充分发挥了诗歌所承担的历史作用，得到了广泛的传播与颂咏。

在艺术方面，巴鲁迪一方面打破了原先阿拉伯诗歌辞藻华丽、生硬模仿的束缚；另一方面又延续了古典诗歌结构严谨的优势，保留了古典诗歌淳朴、简练、有力的特点。他的诗作既有时代的精神，又具有独特的风格。这是他的诗歌特色，也是阿拉伯文学复兴的一种风格。

巴鲁迪是一位文武双全的传奇人物。他不但在文学创作中才思敏捷，文采四溢，在对敌作战中，亦智谋过人，英勇无畏。为了国家的独立，他放弃曾经的荣华富贵，拿起武器，开始那颠沛的戎马生涯；为了民族的解放，他放弃自己的人身自由，褪下战袍，枯草荒崖，开始那孤独的囚徒生活。他热爱人民，同情人民的悲苦，他时刻用他的笔，鞭挞殖民者的残暴，揭露统治当局对人民的麻木不仁。他用诗歌的光芒，照亮人民革命前行的道路，驱散殖民主义、专制主义的阴霾，温暖了人们那颗冷下去的心！

他是埃及的诗人，他是近代阿拉伯诗歌的领路人，他是阿拉伯文学史上一颗璀璨的明星！

Chapter

07

永远的诗王

——邵基

艾哈迈德·邵基（Ahmed Shawqi，1869—1932 年），埃及著名文学家、诗人，是继埃及大诗人巴鲁迪之后阿拉伯诗歌复兴运动的中坚之一。邵基生于开罗一个穆斯林贵族家庭，毕业于开罗法律学校，1887 年由埃及国王选派赴法国留学，主攻法律，兼学文学，1892 年开始在宫廷任职。邵基在埃及阿里王朝国王阿拔斯二世宫廷任职的 20 年间，写了大量颂诗，赞扬埃及王室和奥斯曼帝国的政绩，描述宫廷生活，此外还写有爱情诗、悼亡诗、豪情诗等。第一次世界大战爆发后，他被英国人放逐到西班牙，战后回国，专事写作。

19 世纪末 20 世纪初，资本主义的迅速发展，资本主义国家对资本的需求越来越迫切，于是它们将殖民扩张的目光放在了非洲北部。那片贫瘠落后的土地，因为长期的封闭在世界的潮流中早已落伍脱节。但是那里丰富的自然资源和密集廉价的劳动力让这些殖民者动心了。在英国对埃及的殖民化过程中，有这么一个小插曲，体现了埃及人的反抗精神。

1906 年，一群英国军官耀武扬威地到达淡水洼村，忽然，天空中鸟儿翅膀的扑棱声吸引了他们的注意力，是鸽子。他们掏出枪支射向无辜的鸽子。枪声引得村民纷纷聚集过来，他们看到地上的鸽子尸体，愤怒在一瞬间被点燃。他们包围了这群军官，双方在烈日下互不相让。生活在欧洲北部的英国人没有被如此强烈的阳光暴晒过，他们的汗湿透了衣服，体内的水分迅速蒸发，突然有人倒在地上，大家纷纷慌乱地对倒地者进行救治，但是那名军官还是因中暑而死。愤怒的英国人借此对村庄的村民进行屠杀。这一举动激起了埃及人民的愤怒情绪。1907年，著名的诗人邵基根据这件事写了《淡水洼的回忆》。在诗的最后几行他这样写道：

> 噢，淡水洼村啊！
>
> 让完全明了这事件的人们相信，
>
> 这是起义，也是复仇，
>
> 它像巨流冲向全国各地。
>
> 人们的脸上带着悲愤，
>
> 憎恨正在母亲的心田里成熟。

诗歌深刻揭露了英国殖民者蔑视生命的丑恶嘴脸，对埃及人民的愤怒和抗议表示鼓励赞扬，同时也为这次事件罹难人员的遭遇表示深切同情。

邵基的出现，给长期沉寂的埃及文坛注入了新的活力，引领着现代埃及文学向前发展。他后期的诗歌创作继承了阿拉伯古典主义的传统形式，却蕴含着现实主义意义，用细致入微的描写，清奇的意境，抒发着爱国主义情怀和民族情感。他的诗歌语言顺畅，注重音乐格律，用简短的语言抒发最强烈的情感。他凭借自己出色的文学成就成为阿拉伯诗歌复兴运动的中坚力量之一。

作为一名诗人，他不仅具备出色的文学天赋，还拥有一颗忧国忧民的赤子之心。他虽身躯瘦弱，但纸笔成了他手中最强的武器，他描绘着现实与未来，用尖锐有力的文字在重重黑暗中披荆斩棘，冲出一条光明之路。他积极创作，唤醒一颗又一颗爱国之心，鼓舞一批又一批爱国者举起反抗的旗帜。他一生都在战斗的前线，不曾放下他的武器。"诗圣""诗王"的盛名不仅是对他文学成就的赞美，也是对他爱国之心的歌颂。

01

天赋与积累：天平的两端

古埃及以其辉煌的历史及高度发达的文明而闻名。提起古埃及，我们就会想到神秘壮观、至今无人解开建造之谜的金字塔；想到雄伟高大、记录着著名法老功绩的方尖碑；想到庄严肃穆、神化王权震撼人心的卡纳克神庙。古埃及是强大的代表，即使今天我们依然能从星星点点的遗址中感受到这一点。然而当我们提起近代的埃及，脑海里想到的是发展中国家、历史底蕴深厚等概念，还有在埃及近代历史中出现过一个又一个的重要人物。

　　艾哈迈德·邵基，1869 年出生于一个贵族官僚家庭。高贵的出身，不仅意味着他拥有大量的财富和高高在上的地位，还意味着有很多良好的资源供其使用。但邵基并没有像我们印象中的贵族子弟那样，挥霍无度，仗势欺人，相反，他很好地利用了他所拥有的一切去成就他的人生。在他 4 岁的时候，他的父亲早早地把他送去学校，让他接受系统教育。在日复一日的学习中，阿拉伯文学深深地吸引了他，他为里面的每一个字母而着迷，陶醉在书中描绘的场景中无法自拔。而他也拥有这方面的天赋，他不仅可以读懂书中展示的内容，理解文字表达的情感，而且他的思想和情感总能与书中的文字产生共鸣。他如饥似渴地去阅读他的每一本阿拉伯文学书，反复品味。自己的书读完了，就去书店购买或者去向他人借阅。他感觉自己就像一块海绵，一刻不停地汲取着知识。父亲看到他如此爱好读书，十分高兴，为他提供了更多的书籍。

　　在中学时期，他不再满足于单纯的阅读。当他模仿书上的内容写下第一行诗句时，他找到了自己的方向。他要创作，创作出独一无二的诗歌。有了目标再去行动，就有了动力。长期的文学阅读，为邵基日后的创作打下了良好的文学基础。最初的创作一定离不开模仿，邵基也是这样。他把他看过的诗歌按照类型分类，仔细分析它们的创作手法和写作特点，然后按自己的理解赋予其新的内容和意义。在反复的练习中他一点点进步。最开始他的诗以称颂国王为主，虽然较为稚嫩，行文却富有诗意。在大家的肯定和鼓舞中，他写诗的兴趣愈发浓厚。邵基的语言天赋也很出色。由于家庭的原因，他很快便熟悉了土耳其语，并且可以熟练地运用。在学校，他接受了系统的语言教育，不仅学习了阿拉伯语，还学习了法语。这为他博古通今、熟练地驾驭语言、日后成为一位大诗人提供了有利的条件。

年方 17 的邵基经过多方努力，破格进入法律学校求学。尽管所学的并非文学专业，但邵基也没有放弃对文学的热爱。在学习之余，邵基总是拿两本文学书阅读，时不时在纸上记录自己写作的灵感。可以说文学已经成为邵基生活中必不可少的一部分，深入血液。

1887 年，邵基从法律学校毕业后去法国留学。他广泛地接触西方文化，读了拉封丹、雨果和拉马丁等法国文学家的作品，体会着不同国家文化的差异，文学素养又一次得到了提升。

他学成归国，由于出色的文学水平，得到了国王阿拔斯二世的赏识，得以在宫廷中供职，担任御前诗人。

02

诗王的"浴火重生"

在宫廷内供职时，邵基创作范围比较局限，虽然在艺术水平上有一定的成就，但是他的诗歌更多的是为政治服务。这一时期邵基诗歌中主要描述的是皇室的奢侈生活，衣着发饰的华美繁复，娱乐方式的多种多样。和中古阿拔斯王朝的一些诗人相仿，他用"明珠玉杯镶，金银相辉映"的轻巧短韵，描写饮宴、歌舞的场面。他为他所看到的繁华感叹，不断歌颂着埃及王室和奥斯曼帝国的强大，在这一方天地之中反复地用最美的辞藻去描绘着他的所闻所见。随着宫廷颂诗的创作渐入佳境，他的声望也越来越大，每天前来拜访的人络绎不绝，许多贵族也纷纷与他结交。

19 世纪末 20 世纪初是埃及民族运动蓬勃兴起、埃及人民反抗外国占领的斗争年代。祖国的危难在绍基心中激起层层涟漪，他的许多诗篇抚今思昔，借以抒发对祖国的感情。1896 年，邵基代表埃及政府出席了在日内瓦召开的东方学者会议，期间发表了史诗《尼罗河流域的大事件》，以浪漫主义手法描述了埃及的历史，表达了对祖先业绩的崇敬，并流露出对祖国屡遭不幸的沉痛心情。这首诗引起了巨大的轰动，从此邵基的名声传至海外。

1914 年，第一次世界大战爆发，英国宣告废黜埃及国王，另立一贯亲英的侯赛因·卡米勒为国王。邵基一改往日对国王歌功颂德的诗风，写诗表达了自己的强烈不满与反抗精神，于是英国人把他放逐到西班牙。这次变故对他的打击很大。但福祸相依，生活上的苦难让他饱尝人情冷暖，也开阔了他的眼界，让他第一次意识到温饱对平民的意义。流放异国的经历加深了他对祖国的感情依赖，无尽的思念在每一个日夜蔓延，让他窒息。他的诗歌创作题材前所未有地丰富起来，他开始抒发埃及人民的政治情感和愿望，字里行间充满爱国主义激情。这次变故之后，邵基的创作进入一个全新的阶段，到达了他创作的鼎盛期。

流放期间，邵基写下许多著名的作品，比如《尼罗河》。尼罗河是古埃及文明发源地，可以说是埃及的母亲河。以尼罗河为题，他在诗中描写了尼罗河对埃及人民无私的奉献，在这样的奉献之下，埃及人民得以生生不息。他对伟大尼罗河的尽情歌颂，是对祖国无比热爱和怀念的真情流露。身处异国的邵基，对祖国的一草一木都无比眷恋，他将缠绕在心头的丝丝乡情，用笔尖一一抚平，他把金字塔、狮身人面像等建筑烙印在诗中，每一次书写都是重复的思念，好像这样就可以触摸到他所怀念、依恋的一切。

被流放在外的邵基，时刻关心着埃及的局势，他通过诗歌强有力地批判入侵者，同情水深火热的埃及人民，抒发自己无尽的爱国情感。此时他的诗的内涵变得厚重起来，带上了浓郁的悲伤和愤怒情绪。

1920 年，邵基结束了流亡的生活，回到了阔别已久的祖国。虽然他失去了尊贵的地位，开始与普通人民一起生活，但能够站在祖国的土地上，于他而言就是最好的礼物。他走进人民的生活，了解人民的疾苦，懂得了人民力量的强大，也明白自己应该去唤醒并引导他们去反抗一切的不合理。在长时间共同生活、交流的过程中，邵基与人民群众之间的情感越发浓厚，他的视野变得愈加开阔。

哪里有压迫哪里就有反抗，邵基怀着一腔爱国的热情，积极投身革命的浪潮，他以诗歌为武器，去揭露残暴的殖民统治，鼓舞人民团结起来与之斗争。此时他的诗歌锋利得像一把开锋的宝剑，直逼埃及人民的敌人，锐不可当。

03

眼前的苟且：诗与革命

面对强大的外敌，埃及国内的种种弊病也显现出来，各派之间的斗争并没有因为这巨大的民族危机而停止。

1924 年，埃及正处于内忧外患的艰难时刻，但各个政党依然争论不休。每一方都为了自己的利益寸步不让。每一次商讨作战计划，每一次召开会议，每一次分配物资，他们都吵得不可开交。面对外敌入侵，自己的国家内部却为了私利争吵不休，团结更无从说起，怎样还能战胜敌人？邵基对这一状况感到无奈和愤怒，认为没有什么比这更让人心寒了。为此邵基专门创作了一首诗，他说："分歧何时了？吵闹为什么？"呼吁各政党放下私利，团结起来，一致对外。他希望借助文学的力量唤起他们的爱国热情。

这一时期，世界范围内多个遭受了殖民统治的地区都爆发了反殖民主义斗争。1911 年，意大利的殖民者带着重炮和军队来到了利比亚，让利比亚人民家破人亡，流离失所。然而，苦难并没有压垮利比亚人民，他们勇敢地拿起武器，在民族英雄欧麦尔·穆赫塔尔领导下，进行了反侵略的斗争。

1920 年法国托管叙利亚后，在叙利亚推行殖民制度。叙利亚成了殖民者的原料生产地和商品倾销市场，许多爱国者被迫流亡国外。在叙利亚一片黑暗的情况下，叙利亚人民空前团结，进行了英勇的反抗，虽然最后起义以失败告终，却给法国殖民者以沉重的打击。诗人邵基也在诗中不禁写下：

> 大马士革啊，
>
> 我的泪在不住地流，
>
> 我向你致以问候，
>
> 它比巴拉达河上的微风还亲切……
>
> 用烈士们的鲜血染红的手，
>
> 一定能打开自由之门。

1931 年利比亚的民族英雄穆赫塔尔被处以绞刑。对此邵基并没有沉默，他在他的诗中写道：

> 沙漠中你的遗骸是一面旗帜，
>
> 它日日夜夜在动员着沙谷里的人们。
>
> 敌人竖起的是一座血的灯塔，
>
> 它指引我们新的一代前进。

邵基在为埃及的独立奋斗的同时，不忘关注与埃及处境相似的国家，并肯定了他们的反抗精神，用诗文歌颂他们的英勇，支援他们的战斗。他用这样的方式参与到他们的反殖民主义斗争的洪流当中，给他们送上最大的鼓励。正如诗人所说："在东方我们是同族同文的子孙，我们是同甘苦、共患难的兄弟。""我的诗歌唱东方的欢乐，哀叹东方的不幸。"

面对殖民侵略，邵基提出要团结一致对抗殖民者。团结不仅是指埃及国内各派系、各政党放下成见和私利，团结一致对抗殖民者，他看到了更大的可能，即团结一切可以团结的力量。邵基指出仅靠埃及的力量是无法对抗强大的资本主义帝国的，也无法获得彻底的自由和独立，只有和同样处境的国家团结起来才能获得胜利。他鼓励埃及和阿拉伯各国人民团结一致，为争取独立、自由而进行顽强英勇的斗争。为此，他积极创作作品，进行思想宣传，让更多的人民理解、明白这一举动，进而将支持转化为实际行动。

20 世纪初，启蒙运动在西方掀起巨大浪潮，也给埃及带来了巨大的影响。1924 年，在万众一心的努力下，埃及人民终于把殖民者赶了出去，迎来了他们渴望已久的独立。埃及资产阶级开始执政，他们在改革浪潮下决心效仿西方建立议会制的国家政体。在第一届议员的选举中，邵基以出色的成就和巨大的影响力，当选为议员。面对千疮百孔、百废待兴的新埃及，面对来之不易的独立成果，邵基认为只有通过改革教育、发展民族文化、解放妇女等途径，才能实现民族的真正独立。他认为国家的强大应该从人才培养上入手，而人才的培育离不开教育。他提出，男尊女卑的传统观念不符合

现代意义上的平等，应该解放女性，实现男女平等。他认为，
一个民族如果没有自己独特的文化，民族之根也就无从谈起，
民族精神也就无法延续。他专门进行创作来详细阐释自己的
主张，比如《知识、教育和导师的职责》《埃及天空的时代
象征》《妇女的自由》等。而他的诗歌也倡导将伊斯兰文化
与现代科学相结合，改革宗教，发展穆斯林文化，复兴伊斯
兰国家等内容。他一直在为自己的民族、为自己的国家而努
力着，用自己的力量为这个饱受磨难的国家一点点地成长作
出自己的贡献。

1927 年，《邵基诗集》再版问世，在阿拉伯各国引起强
烈的反响。邵基的诗歌想象丰富，韵律优美，语言凝练，清
新典雅，极具艺术魅力。他的诗歌继承阿拉伯古典诗歌的优
秀传统，并在其基础上不断创新，形成独特的风格和流派，
在阿拉伯近现代文学史上占有重要地位。为了感谢邵基对民
族独立作出的贡献，埃及政府和阿拉伯各国举行盛会庆贺。
宴会上，大家尽情畅饮，分享欢乐。期间，享有"尼罗河诗
人"美称的哈菲兹·易卜拉欣代表到会的全体诗人向邵基颂诗
祝贺，并赠邵基以"诗王"的桂冠。从此，邵基在阿拉伯诗
坛乃至世界文坛的崇高地位被正式确立起来。

04

笔耕不辍，诗剧先锋

邵基在文学上的成就不仅在于诗歌的创作，他还是阿拉伯诗剧的开拓者。在邵基之前，阿拉伯诗歌中没有完整的诗剧。邵基在留学法国之际，就被法国的诗剧吸引，试图进行相关创作，却因自身能力不够，以失败告终。而当邵基暮年，较为闲暇之际，他再次尝试创作诗剧。

因为戏剧是大千世界在舞台上的缩影，所以戏剧的使命更广阔，更富有生命力，更有教益。莎士比亚的创作无疑是戏剧时代的巅峰，他创造的艺术形象深入人心。邵基在仰望莎士比亚的同时也渴望阿拉伯诗剧的诞生，他认为戏剧包含的各种感情、经验和教训，如坚持自由、保卫尊严、使人类的道德日臻完善等，用诗歌来表达，会比散文更赏心悦目。于是，他开始广泛地阅读法国古典文学作品，尤其是莎士比亚的作品，深入挖掘它们的创作思路和方法。随后他以阿拉伯的历史为题材进行创作，在5年的时间内成功地写出5部诗剧，开辟阿拉伯诗剧的道路。在创作期间，邵基已疾病缠身，但他仍坚持写作，不曾放弃。邵基去世时，他共成功创作了 7 部诗剧。仅有一部以散文形式写的《安达鲁西亚公主》未能完成。他的作品大多反应阿拉伯人民的生活，歌颂他们的反侵略斗争和爱国主义精神，歌颂矢志不渝的爱情。

《克娄巴特拉之死》和《莱拉的痴情人》（也叫《情痴》）是邵基的诗剧的代表作。《克娄巴特拉之死》描述了尼罗河女王克娄巴特拉为了保卫祖国，在罗马入侵时，毅然牺牲自己的爱情，巧施计谋，使两个罗马执政官自相残杀，以此来消耗罗马的实力，最后以身殉国的故事。该诗剧热情地赞扬了为争取独立而无私奉献的埃及人民及其先驱者，表达了正义必胜的坚定信念。

《莱拉的痴情人》这部诗剧，是根据阿拉伯许多爱情故事传说的集合整理编写的，写的是一对男女相恋，却因封建礼教而双双殉情的爱情故事。这部有着浓郁东方色彩的悲剧，是阿拉伯式的"罗密欧与朱丽叶"，替千千万万被封建礼教荼毒的埃及年轻人发出对真挚爱情的呼唤。在阿拉伯文学史上，存在着"精神恋情"或者"贞节爱情"的作品，起源于公元七八世纪。那时阿拉伯帝国的不断扩张，建立了霸权统治，难逢敌手。上层统治者沉醉在饮酒作乐、骄奢淫逸的生活之中无法自拔，爱情在他们看来是最没用的东西。他们反对青年男女自由相恋，婚姻皆由长辈决定。在封建礼教的压制下，很多男女不得不屈服，虽然也有一些选择反抗，但结局往往是悲惨的。在这一过程中，青年才俊为心爱的姑娘吟咏的诗歌成了他们爱情的见证。在《莱拉的痴情人》中，生活在阿拉伯半岛北部的格伊斯就是这些青年的化身，他与女主人公莱拉青梅竹马，心心相印。他用诗歌表达自己深沉的爱恋，期待着美好的未来，然而这对有情人却被莱拉的父亲拆散。理由是根据阿拉伯礼教规定，他不得将女儿嫁给一位写诗赞美她的人。求婚失败的格伊斯精神失常，得知嫁与他人的莱拉忧郁而死的消息后，在爱人的坟前殉情而死。这部作品问世后在埃及产生了巨大的反响，"每个莱拉都有自己的痴情人"的谚语被埃及人熟知，该剧还被译为多种文字广泛流传。后来美国电影公司与埃及合作，将这部作品搬上银幕，聘请多位世界级明星出演，足可见它的成就之大。

邵基是正直、好客的人。他的家中常常有各路文人会集，他们一起讨论文学，交流感想。他也是一个顽强执着的人，在重病卧床时，为了创作阿拉伯诗剧，他忍着病痛，坚持写作，用7部诗剧宣告阿拉伯诗剧时代的到来。这样一个真实而诚挚的诗人，不愧为阿拉伯"诗王"。

"诗王"的称号不仅是对邵基诗歌成就的最高赞美，也是对他忧国忧民、诚挚善良的美好品质的肯定。在19世纪中叶开始的埃及文化复兴中，邵基的诗歌起到了承上启下的作用，他把阿拉伯诗歌推向了新的高峰。他创作的诗剧为文学的创新做出了良好的示范，给阿拉伯诗歌宝库留下了一份宝贵的遗产，为阿拉伯文学和诗歌的发展作出了不可磨灭的贡献。

Chapter 08

阿拉伯文学泰斗

——侯赛因

1892 年，埃及仍然处在英国的殖民统治下，埃及人民依旧过着被奴役的麻木生活。开罗郊区，尼罗河畔，只有散落的金字塔还可以见证这个文明古国曾经在历史上拥有过的辉煌。

在上埃及米尼亚省马加加乡的一个小村庄里，一户贫苦农家里正经历着一场磨难——那位制糖厂小职员只有 3 岁的第七个孩子，得了严重的眼疾。小职员的收入只能勉强维持温饱，根本没有什么积蓄用来治病。"要不，让村头的剃头匠来给咱们的孩子看看吧……他学过点巫术，或许，或许咱们的孩子会被他治好。"妇人用略有希冀的目光看着她的丈夫。"对，神会保佑的，咱们应该去祈求伟大的神灵。"当小职员的父亲风一样地冲出那破旧的屋子，向村头跑去。

剃头匠，也就是那位地位崇高的巫医，穿着那件或许神灵能够接受的袍子，口里念叨着或许只有神灵能够听懂的咒语向神灵祈祷，拿着"圣水"点向那孩子眼睛肿胀的地方。忽然，他拿起刀子刺向孩子双眼。"是魔鬼！是魔鬼侵蚀了这双眼睛！"两行鲜血从那可怜的孩子眼眶中流出，那双曾经看过慈祥母亲的眼睛，那双曾经追逐过鸟语花香的眼睛，那双曾经和兄弟姐妹一同追寻玩具的眼睛，离开了它们本应该待着的地方。

命运，给这个可怜的家庭，给这个可怜的孩子，开了一个荒唐的玩笑。然而谁会想到，这个命运多舛的盲童，竟是未来的"阿拉伯文学泰斗"。他的名字叫塔哈·侯赛因。

塔哈·侯赛因(Taha Husayn，1889—1973 年)，阿拉伯埃及现代著名作家、文学家、文艺批评家和思想家。他不仅对文学，而且对历史、哲学等都有精深的研究，是一代文宗。他的代表作品有《希腊剧诗选》《雅典人的制度》《日子》。《日子》是一部自传性的长篇作品，分上、中、下三部，这部作品被一代又一代的阿拉伯青年传诵，还被译成了多种文字，产生了广泛而深远的影响。

01

从盲童到大家的艰辛之旅

塔哈·侯赛因，1889 年 11 月 14 日出生于埃及米尼亚省尼罗河左岸小城马加加附近的乡村，父亲是制糖厂的小职员。侯赛因 3 岁时患眼疾，由于家庭经济不宽裕，未得到很好的治疗，双目失明。贫穷、无知、愚昧，在侯赛因幼小的心灵上留下了不可磨灭的印象。自尊在他的骨子里紧紧地扎下根，他不想活在别人同情和怜悯的目光里。为此，他下定决心自力更生，活出自己的精彩人生。

因为双眼失明，他用手触摸着这个世界，用鼻子轻嗅着这个世界，用耳朵聆听着这个世界，用心灵品读着这个世界。为了学习到更多的知识，他认真倾听家人和客人的每一次谈话，听老人们讲那些流传在尼罗河畔的美丽神话，聆听母亲和兄弟姐妹清唱动听的歌谣，用自己的想象和感觉经历着这个世界的春秋冬夏。

侯赛因自小聪明好学，记忆力强，在 10 岁以前就已经能够把《古兰经》全文背诵出来，还记下了大量的民间故事和传说，他的理解能力和学习能力已经远超同龄人。

1902 年，侯赛因跟随哥哥离开了家乡，来到了开罗。13 岁的侯赛因考入了当时埃及的最高学府——爱兹哈尔大学（爱兹哈尔清真寺）的预备部学习。在大学期间，他努力学习各种宗教和语言课程。爱兹哈尔大学的学术氛围比较沉闷，教学内容古板而又枯燥，好学的侯赛因常常在课堂上提出一些让老师也无法回答的问题，让一些老师厌恶和嫉恨，甚至在课堂上遭到嘲笑和辱骂。而长老马尔萨菲的出现，像一束光，温暖了他的心灵。马尔萨菲是一位语法讲师，他以生动有趣的讲课方式吸引了侯赛因。侯赛因没有错过他的任何一节课，认真理解他说的每一个道理，记住他说过的每一点知识。马尔萨菲长老也注意到了这个特别的学生，时常与侯赛因在课上进行交流，这让侯赛因受益匪浅。在假期，侯赛因和一些志同道合的年轻人一起研读在学校里读不到的著作和书目，这些书籍为侯赛因开启了一个更加缤纷多彩、更加广阔的世界。

爱兹哈尔大学是埃及当时的资产阶级改良主义运动的中心，侯赛因在这里接触到了对当时埃及知识分子来说更为先进的思想。在几次与任课教师激辩后，侯赛因愤然离开学校，开始了自学、自立的生活。他强烈抨击爱兹哈尔大学一些教授枯燥的教学方式以及教条的教学内容，积极地倡导学生的学术言论自由。侯赛因在离开学校后结识了当时知名的《新闻报》主编鲁特菲先生。两人相见恨晚，鲁特菲所倡导的新政、新思想和新社会准则等主张使侯赛因深受启发，侯赛因则多次在报纸上发表自己对改革教育的看法。两人常常就民主、自由和独立等问题促膝长谈，也因此结下了深厚的友谊。侯赛因把鲁特菲当作自己的老师，并在鲁特菲的指导下提高了自己的写作水平。

1908 年，埃及大学（开罗大学前身）开始招生。侯赛因作为第一批学生考入该校，在这里开始了系统的文学、历史、哲学、外语等课程的学习，接受着更为先进的现代思想。

埃及大学不同于其他学校，这里不仅有埃及本国的教师，还有许多来自欧洲的教授。为了能够听懂那些来自欧洲的教授的授课内容，侯赛因每天晚上补习法语课程。为了学习更多的文学知识，为了解开更多的历史之谜。侯赛因先后修读了文学、地理、历史、伊斯兰文学史、古叙利亚语、希伯来语等课程。在埃及大学学习期间，侯赛因与埃及大学的师长结下了深厚的友谊，那些师长也毫不吝啬地为侯赛因讲述他以前从未了解或者很少了解的知识：古老的法老时代所创造的辉煌文明、特属于伊斯兰的哲学和艺术……这些在阿拉伯大地上漫长岁月中积累下来的知识宝藏让侯赛因如痴如醉，给他巨大的、无形的力量，激励他孜孜不倦地去学习、求索。

在侯赛因系统学习现代知识之后，他的思维像雄鹰一样飞向了那他从未到达过的殿堂。他开始系统而又理性地分析那些文学和历史现象，这为他以后的文学批评之路打下了深厚的理论基础。他的文章也在《旗帜报》《吉力德报》等报刊上发表。

光阴似箭，日月如梭。侯赛因在埃及大学度过了6年的时光。在这6年中，他从来没有放弃过对知识的追求，在不断与不同的思想争辩中完善自己的思想理论体系。辛勤的努力没有白费，他不但成绩始终名列前茅，在学术上也颇有建树。

1914年年初，侯赛因向学校递交了他的博士论文《论艾布·哈拉伊·麦阿里》，经过埃及大学论文评审委员会审阅后，同年5月15日，他开始了论文答辩。论文的答辩过程十分激烈，面对那些文学界的老学究，侯赛因思维敏捷、逻辑清晰，答辩睿智，惊艳四座……教授们在论文答辩后高度评价了侯赛因缜密的论证逻辑和惊艳的文采，并决定授予侯赛因埃及大学建校以来的第一个博士学位。

在此之前，侯赛因这篇论文已经引起了埃及学术界那些保守势力的不满，此时侯赛因被授予博士学位，无异于火上浇油。以爱兹哈尔大学的一些权威学者为代表的保守势力开始质疑埃及大学颁发博士学位的质量和资格，他们否认侯赛因论文的学术价值，公开发表文章攻击埃及大学和侯赛因本人。埃及大学出于压力，宣布只有获得过硕士学位的学生才能够拥有考取博士学位的资格。虽然这个决定否认了侯赛因的博士学位，但也间接使得他在埃及学术界初露头角。

就在这时候，埃及政府决定派留学生去法国留学。侯赛因3次向校方递交申请，以留学后必定会返回国家任教等条件，希望校方可以答应自己的请求。侯赛因最终获得了赴法留学的名额。当然，这段经历也有另一种说法：为了保护侯赛因免遭那场因论文引发的斗争，校方才决定派遣侯赛因去法国留学。这两种说法并不冲突，只是一个侧重于侯赛因的个人意愿，另一种说法侧重学校对侯赛因的帮助。无论过程如何，结果是侯赛因带着对未来的无限憧憬，登上了那艘开往法国的轮船。

11月，侯赛因进入法国蒙彼利埃大学。在蒙彼利埃大学，侯赛因十分珍惜这个来之不易的学习机会，他用了比别人更多的时间练习法语，同时还学习了拉丁语。他攻读历史学、法国文学、世界现代史等课程，并在每门课程的学习中取得了优异的成绩。

他乡的生活充满了各种困难和挑战，总不会顺心如意。由于战乱，国内寄给侯赛因的奖学金并不总是如期而至。侯赛因时常忍受着饥饿待在图书馆，遨游在知识的海洋里。他能够深切地体味到那种来自内心深处、来自生活、来自这片陌生国度的孤独。

人生总是充满了惊喜。1915年，法国姑娘苏珊走进了侯赛因的生活。苏珊像那驱开乌云的太阳，她的出现给侯赛因带来了无限的光明和温暖。从相遇的那一天起，侯赛因和苏珊便形影不离。两人在一起谈论各自对人生的看法、对未来的憧憬、对理想的努力、对文学的追求……可是美好的时光总是短暂的，不久，由于经费不足，埃及方面决定让侯赛因等人暂时回国，而苏珊也要返回巴黎。侯赛因陷入无限的痛苦之中。返回开罗后，唯一使侯赛因感到振奋的是有家报纸主动找到他，要发表那篇曾经引起文学界争论的论文。

1915年12月，侯赛因再次踏上了法兰西的土地。这次他奔赴巴黎，进入巴黎大学文学院进行进一步学习。他这次选修的课程还是像以往那样，有古代史、希腊史、西方古代文学和近现代文学。同时，侯赛因还在一所宗教性质的大学学习宗教经典，对于《古兰经》等传统的阿拉伯传统文学著作有了更深的理解。

经过一段时间的艰苦学习，侯赛因获得了硕士学位。此后不久，侯赛因和苏珊有情人终成眷属，他把这一天称为他一生中最美丽精彩的一天。他说："这一天像春天的太阳一样，因为它驱散了布满整座城市上空的乌云，使之充满曙光与霞辉。"两人结婚后，苏珊不仅在学习上帮助侯赛因，在生活上也是无微不至地照顾侯赛因，她像是照进侯赛因心灵世界里的那缕光明而温暖的阳光。侯赛因也因为苏珊，改变了以往孤僻、内向、不合群的性格，开始变得开朗、积极向上，变成了幽默阳光的丈夫，变成了体贴细心的父亲。

1918 年，侯赛因完成了他的第二篇博士论文——《论伊本·赫勒敦的一生与他的社会哲学》。这篇论文彰显了侯赛因思想和思辨论证的成熟，让他真正意义上获得了博士学位，也使他成为埃及有史以来第一个在国外获得博士学位的学者。得到博士学位后，侯赛因并没有安于舒适的现状，而是决定带着妻儿返回那个战乱依旧、贫困依旧、思想落后依旧的埃及。

1919 年 10 月，侯赛因结束了多年异国他乡的学习之旅，义无反顾地返回到他的祖国——埃及。当然，他的妻子苏珊也陪伴着他来到了这个具有浓厚历史气息的古老国度。侯赛因回到埃及后，出任了埃及大学的古代史教授和阿拉伯文学教授。开阔的眼界和广博的学识，让侯赛因的课生动有趣。在课堂上，他生动而又形象地讲述着古希腊那曾经和古埃及一样的灿烂文明，他用平凡易懂的语言讲述着曾经横跨欧亚非大陆的罗马帝国，他用新颖的教学方式教授近代的法国文学。他的课程深受学生们的喜爱，他也将自己有别于传统的思想教授给了学生。

在这一时期，侯赛因发表了《希腊诗剧选》《雅典人制度》等论文。他希望埃及文学能够像欧洲文学一样借助于古希腊文学实现复苏，为此，他翻译了大量的古希腊时期的作品，为西方思想和文学在阿拉伯世界的传播作出了贡献。在当时，埃及在戏剧方面可谓是处于一穷二白的境地，埃及民众对戏剧这一事物深感陌生。于是，侯赛因翻译了大量法国的名家戏剧作品，为以后更多新事物和新思想在埃及以及阿拉伯世界的传播打下基础。

1922 年，侯赛因接受了《政治报》文学指导这一职位。针对阿拉伯文学发展现状，他发表了大量关于阿拉伯现代文学的评论。在对阿拉伯古典文学的研究过程中，他提出了许多新的观点，这些观点引起了当时一些学者的非议，又掀起了埃及文学界的一次规模巨大的讨论。从某种意义上说，这次讨论促进了埃及文学界的思想解放，为埃及文学世界注入了鲜活的血液，为文学发展带来了活力。

从 1925 年到 1926 年，侯赛因先后发表了《周三谈话录》《论蒙昧时代的诗歌》等关于文学批评方面的作品。这些文学批评理论著作基本上确立了现代阿拉伯文学批评的原则和理论体系，也奠定了侯赛因在现代阿拉伯文学批评史上的宗师地位。

此时的侯赛因，不仅在文学批评领域有所建树，在历史、文学、思想教育等方面，也有非凡的成就。

02

一部备受争议的作品

1926 年，侯赛因出版了他筹备已久的学术报告《论蒙昧时代的诗歌》一书。在书中，侯赛因阐述了自己在研究过程中发现的问题，那就是现在那些归属于蒙昧时代的诗歌大多是后人伪造或杜撰，那些诗歌里书写的内容和所表达的思想感情与当时的经济、政治以及社会现象、宗教活动并不符合。所以，他提出了那些归属于蒙昧时代的大部分诗歌都不可能产生在蒙昧时代、不可能产生在伊斯兰教产生以前的观点。这一观点引起了社会的一片哗然。因为蒙昧时代的诗歌是阿拉伯世界现存最早的有文字记载的诗歌，其在阿拉伯世界的地位就像《诗经》在中国的地位。因此，侯赛因受到了来自社会各界、各种形式的抨击。宗教界认为这本书的出版是对宗教神圣性的质疑；政界中的一些人不仅要求查封此书，甚至还提出了将侯赛因驱逐出境的要求；文学界更是一片哗然，以爱兹哈尔大学的一些保守学者为代表的文坛的名人也发表各种文章来抨击、批判侯赛因；社会其他阶层也人云亦云，一些反对者还组织不了解情况的群众进行游行和集会。最后，在埃及国王弗瓦德的强烈干预下，国会做出了查收和销毁《论蒙昧时代的诗歌》一书，并对侯赛因提起诉讼的决定。

在巨大的压力下，侯赛因向校方呈递辞呈，但校方并没有接受。校方认为，大学教师有权利发表任何代表自己研究结论和观点的学术论文，他们的研究成果只有专业的文学批评家在研究后，才有权提出批评。埃及大学在这一事件上所保持的理性是值得我们钦佩的。最后，侯赛因不得不做出妥协，修改书名和篇名、删除相关章节。

事实上，这场讨论一直持续至今。现在仍然有人站在保守势力的立场对侯赛因的观点进行评判。还有一些左派批评家对侯赛因展开了质疑和批评，他们提出了各种蒙昧时代文学作品存在的证据，来反驳侯赛因的论点。

随着历史的发展和时代的进步，越来越多的人认识到了侯赛因这部作品的价值，也能够从现实出发，结合具体的历史条件，客观地分析侯赛因的观点，从而更深层次地发掘侯赛因想要表达的真正思想内涵和那些观点的真正意义。

真理，或许不会被当时的时代接受，或许会遭到当局的打压和不公平的待遇，或许会遭到绝大多数不明真相群众的反对，但历史会对每一个事件做出最公平、最公正的评判。

《论蒙昧时代的诗歌》一书所体现的最大价值，并不在于它揭示了什么样的事理，也不在于它对当时产生了什么样的影响，而在于它的发表，体现了作者敢于对权威发出质疑的勇气和对所谓真理持有怀疑的态度。正是这样的勇气和态度，促进了人的认识不断进步，促进了科学和社会不断发展。侯赛因这种严谨的科学态度，怀疑的研究方法，对知识、学术、真理的大无畏的追求精神，是留给后人最有价值的精神财富。

03

从文学家到教育家

1928 年，侯赛因被任命为埃及大学文学院院长。这一项任命遭到了当时保守势力的反对，因此侯赛因只任职一天便呈上了辞呈。1930 年，侯赛因再次被文学院的教授公推为文学院的院长。后来由于政治形势严峻，侯赛因被调离了埃及大学，但他并没有放弃对文学的研究，仍然做着相关方面的工作。

1934 年，侯赛因重新回到了埃及大学。他开始探索国家落后、国民愚昧的深层次原因，并探求消除这种落后状况、摆脱这种愚昧的途径和方法，以改变埃及文盲人数占大多数、受教育程度普遍低下的状况，改革陈腐僵化的旧教育体制。

不久之后，侯赛因出任教育部部长，他想让埃及每一个家庭的子女都能够接受到良好的国民文化素质教育。他说："教育是每个人的权利，不可缺少，不可剥夺，就像水和空气一样，人人都应该拥有，人人都应该享受……"侯赛因矢志不渝地坚持着他的梦想。为了普及公民教育，他开始了一系列的教育体制改革，推行进步的、科学的教育理念和方法，提出了大量关于发展教育事业的理论。

妇女的社会地位低下，是因为传统观念的束缚，是因为她们没有经济来源，是因为她们没有文化。要想普及国民文化素质教育，那就要提高妇女的社会地位，那就要改变扎根在人们内心深处的传统观念，那就要让女性走向独立、走向自由、走向开放。因此，侯赛因提倡教育平等的理念，坚持有教无类的教育方针，实行免费普及的教育制度……这些措施，使更多的女性走出家门，步入知识的神圣殿堂。

百年大计，教育为本。侯赛因深切认识到教育在振兴国家、振兴民族中的作用，要想重现埃及文明曾经的辉煌，那就必须发展自己民族的文化，开展自己民族的教育。埃及文明为什么不能在近代得到发展？因为殖民主义的经济掠夺，因为殖民主义的文化侵略。侵略者不仅在经济上对埃及进行殖民掠夺，在精神和文化上也对埃及人民进行无情的压迫。他们在埃及推行近代西方教育制度，对埃及民众进行愚民教育，泯灭埃及民族的文化，麻痹埃及人民的灵魂，使埃及人民一直沉睡在愚昧无知的噩梦里。因此，侯赛因弘扬埃及传统文化教育，要求建立属于埃及自己的国民教育体系，把埃及的历史、埃及的文学和埃及的文明融入教育内容，把阿拉伯的辉煌、阿拉伯的民族精神融入教育的思想当中，用民族教育来培养公民的民族精神和爱国主义情感。

社会要想进步，要想发展，离不开教育的普及和发展，侯赛因深刻地认识到了这一点。在实现了民族独立后，埃及上下一片萧条，各行各业百废待兴。新的国家政体要求新的思想政治教育体制与之匹配。要想建立一个自由民主进步的国家政体，那就得有一个自由民主进步的教育体制为这个政体输送人才，就得建立有良好的文化思想环境的教育机构，以完成提高广大人民思想境界和觉悟的任务。为此，侯赛因大力推进教育改革，把教育的发展和社会的发展紧密地结合在一起，大力提倡教育的公平和开放。

为了促进埃及教育事业的发展，侯赛因借鉴了西方国家的教育体制。为了传播先进的思想，他翻译了大量希腊、罗马的文学作品，翻译了大量欧洲文艺复兴以来的思想理论著作。为了推进本民族文化的传播和发展，他力主在大学授课时用埃及语和拉丁语。因为语言是文化的载体，是维系民族情感的纽带，是国家民族文明不断得以传承的工具。要想学好本民族的文化，那就要学好本民族的语言，学好本民族的文字。

侯赛因大刀阔斧地进行教育体制改革，甚至亲自为中学制定课表。他大力兴办学校，也不反对外国在埃及办学。在他的主持下，埃及的教育规模不断扩大。

侯赛因为推动埃及教育事业的发展作出了突出的贡献。

但他在教育改革的某些方面有些激进，一些措施未能充分考虑到教育同政治、同经济的制约关系，有不切实际之处，这也体现了他的教育理念带有某些理想主义色彩。

04

阿拉伯文化复兴的旗手

1929年，侯赛因发表了长篇自传体小说《日子》。这是他的文学代表作，也是代表了阿拉伯文学巅峰的作品。作品通过主人公侯赛因对童年和青年时代的回忆，反映了20世纪初埃及一部分具有新思想的知识分子同伊斯兰教经院教学的代表者之间的斗争。这部作品可以既可以帮助人们了解半个多世纪以前埃及的社会面貌，又可以让人们看到阿拉伯知识分子当时所面临的问题以及他们为争取社会进步所做的努力。

1934年，侯赛因编注了公元10世纪阿拉伯诗人穆太奈比的诗集；1936年出版论著《同穆太奈比一起》；1939年撰写了《埃及文化的前景》2卷。

1942年侯赛因任亚历山大大学校长，继续他的教学、科研和创作。

侯赛因 1934 年发表的长篇小说《鹧鸪的鸣声》，描写了埃及的游牧民、农民和城市下层人民的生活。游牧人的姑娘与城市小知识分子由于社会地位的不同，不能幸福地结合，也反映出善与恶，个人与集体之间的矛盾。鹧鸪鸟和小说中的人物遭受着同样的痛苦，发出凄凉的哀鸣。1943 年发表的小说《山鲁佐德之梦》，通过古代民间故事集《一千零一夜》的主人公山鲁佐德和山鲁雅尔的故事，提出当代的各种现实问题，也包括阶级、制度的问题。这个古代神话故事在作家的生活和思想中又复活了。1944 年发表的小说《苦难树》描绘了一个埃及家庭三代人的生动形象，描写了埃及的贫穷阶级和他们遭受的苦难以及他们把希望寄托给命运和宗教信仰的现实，展现了理智和科学的思想与陈腐习惯势力之间的尖锐斗争。1948 年发表的小说《世上受苦人》，也译为《大地受难者》，描写了埃及人民在封建王朝和政治腐败时期所遭受的黑暗统治，展现了当时埃及社会的现实。侯赛因在这些小说中，表达了他的民族主义和人道主义的理想。

自 1940 年起，侯赛因任阿拉伯语言学会委员。1956 年埃及作家协会成立，他一直担任主席。1960 年他被选为阿拉伯语言学会副会长，1963 年又当选为会长。侯赛因在纯洁阿拉伯语言，用阿拉伯词语表现日新月异、不断发展的自然科学并使之规范化等方面作出了巨大的贡献。

侯赛因 1958 年获埃及政府颁发的文学表彰奖，1965 年获尼罗河项链奖。由于他在文学方面的建树，还曾获欧洲许多大学授予的名誉博士称号。

1973 年 10 月 28 日，塔哈·侯赛因去世。

尽管侯赛因的哲学观是唯心主义的，他的政治主张属于资产阶级改良主义的范畴，有着明显的阶级和时代的局限，在艺术上也存在着某些形式主义、象征主义的倾向，但这不影响他在阿拉伯文学史上的地位。就其全部经历和创作来看，他在阿拉伯古代文学和现代文学之间、在阿拉伯文学和世界文学之间搭建了一座桥梁。他在出现于 19 世纪末 20 世纪初的埃及文化启蒙运动中，在创建埃及乃至阿拉伯世界的新文学的运动中，在为使创作反映现实、形成具有鲜明现实主义色彩的"埃及现代派"的活动中，在创立新的阿拉伯文艺批评理论等方面，都作出了可贵的贡献。

侯赛因一生命运多舛，但他用那不屈不挠的斗争精神为自己点燃了精神的火炬。用这把火炬，侯赛因照亮了自己前行的道路；用这把火炬，侯赛因照亮了埃及文学进步的道路；用这把火炬，侯赛因重新点燃了阿拉伯文学那曾经辉煌过的烽火。

侯赛因将自己的一生无私地奉献给了他所热爱着的文学和教育事业。他不随波逐流，不向那些所谓的权威低头，不会为了暂时的荣华富贵而背弃自己的信念和道义。他不向那些旧思想、旧传统的恶俗势力妥协，哪怕身遭骂名，也坚持守护着心中的净土。他独特的人格魅力和精神节操，亦是他留给我们的宝贵精神财富。

侯赛因，是一个谱写了从乡村盲童到文学巨匠的奇迹的奇人，是一个为了繁荣埃及文学教育事业而奋斗终生的普通人，是一个繁荣了世界文学而又振兴了阿拉伯文学的伟人。

Chapter 09

不屈的战士

——萨达维

纳瓦勒·埃尔·萨达维（Nawal El Saadawi，1931—2021年）埃及著名的女权主义活动家、作家和医生。她出生于开罗郊外一个传统的穆斯林家庭，6岁时就被行了割礼，1955年从开罗大学毕业后，成为一名心理医生，后取得美国哥伦比亚大学公共卫生管理学硕士学位，回国后在埃及卫生部就职，官至卫生部健康教育司司长，同时还担任医学健康杂志的主编。1972年，年过40的萨达维出版了第一部作品《女人与性》（*Women and Sex*），她在书中直言不讳地谈论女性割礼，并且强烈地表达自己的反对意见。这引起了埃及当局的强烈不满。她被撤去了卫生部的官职，以"反国家安全罪"的罪名锒铛入狱。一夜之间，名誉伤害夹杂着具体惩罚呼啸而至。她知道自己如此直白的反抗，挑战了埃及当局的权威，这个结果也在她的预料之中。但是她不后悔，这是她的选择，如果一直没有人为这个不公平的社会说些什么，那么，她愿意第一个出声。

萨达维正式出版的作品有30多部，其中很多作品被译为多种文字在世界发行，数量和种类在埃及仅次于埃及诺贝尔文学奖的纳吉布·马夫兹。

纳瓦勒·埃尔·萨达维，阿拉伯世界著名的作家，活动家，医学博士。如此多的称号可以看出她才华横溢和在社会上的巨大影响力。而她担任过的职务和获得的名誉排起来也是一长串：她是阿拉伯妇女团结协会的创始人兼主席，是阿拉伯人权协会的创始人之一，她在三个大洲被授予荣誉学位，2004年获得了欧洲理事会南北奖，2005年获比利时 Inana 国际奖，等等。她曾说："我反对父权、军事、资本主义、种族主义、后现代奴隶制度。我将为此斗争到底！"

01

儿时破碎的记忆

萨达维 1931 年 10 月 27 日出生于一个传统的穆斯林家庭。父亲是一个被贬职的教育局官员，因为他参加了反对英国统治的游行示威活动，在贬职的命令里还有一条——10 年内不能再升迁。这条命令几乎让父亲的仕途之路断绝。此后，他们一家人搬迁到了尼罗河附近的一个小镇，过着平静的日子。这个家庭一共生育了 9 个孩子，萨达维是第二个。由于穆斯林的传统，萨达维在 6 岁的时候进行了割礼。

虽然当时女性地位低下，但由于父亲从事教育工作，深知教育的重要性，母亲也鼓励子女接受教育，所以家中的 9 个孩子都上了学。萨达维的父母主张女性要自尊，敢于说出自己的想法。这对以后萨达维在这个男女不平等的社会，敢于大声地说出自己的想法，积极参与社会活动有着巨大的影响。在萨达维的眼中，母亲是一个"有潜力的革命分子，只是她的志向被婚姻掩埋了"。所以萨达维结婚后也从来没有放下自己的事业，尤其在那段不堪回首的牢狱生活中，她也时刻坚持创作，顽强地为女性权益发出最强音。

她的作品《上帝在峰会上辞职》创作于 1996 年，当时她任教于杜克大学。这部戏剧的灵感来自萨达维的童年经历，讲的是亚伯拉罕、摩西、耶稣和穆罕默德等先知相聚在一起，参加峰会。会议的重点是他们拿着他们发现的 3 本圣书中的矛盾向上帝提问。期间魔王伊布里斯向上帝请辞，说"我厌倦了你指派给我的工作，对着人们的耳朵耳语，让他们作恶事"。上帝对此不知所措，先知们也谢绝了上帝想让他们担任新魔王的邀请。众多问题难以解决，峰会草草结束，上帝选择了辞职。

小时候她的祖母和父亲对她说上帝是自由、仁爱的化身。她作为一个穆斯林家庭的女孩，不能抛头露面，只能在家中帮妈妈做力所能及的家务。相反，哥哥却可以整天在外面和朋友一起玩耍，这让幼小的她心中萌生了委屈。在 9 岁的时候，她灵机一动，既然祖母和父亲说上帝这么好，那么，我是不是可以给上帝写一封信，让上帝看到我的处境，从而帮助我？在这个念头的驱使下，萨达维果然写了信。在她 13 岁时，她将她的经历与感想写成了小说《女孩苏亚德的回忆录》并成功发表。

时隔许多年，她的新作品也与上帝有关，可见上帝对她影响至深。只是从作品中，我们也不难看出，上帝在她心中从无所不能的神，变成了一个不知所措的精神象征。

三段不一样的婚姻生活

萨达维的学习成绩十分出色。在她即将上大学的时候，很多人都认为一个女性应该出嫁，生儿育女，用不着上什么大学。传统礼教的压迫和人们的流言蜚语都没有让她退缩，她坚定自己上大学的目标。她对父亲表示自己的决心并说服他，成功进入开罗大学的医学院学习。来之不易的大学生活让她倍感珍惜，她如饥似渴地汲取着知识，认真地学习老师的授课内容。密密麻麻的笔记见证着她的努力。萨达维虽然热衷于学习，可也期待可以邂逅自己的白马王子，拥有自己的爱情。

果然，她在大学遇到了同样是医学生的艾哈迈德·希勒米，在彼此的接触中，他们慢慢熟悉，碰撞出了爱情的火花，也顺理成章地确立了恋爱关系。萨达维并没有因为爱情放松学习，热恋期的她更多的是拉着艾哈迈德·希勒米进出图书馆、教室、实验室等场合。

1955 年，萨达维以优异的成绩完成在开罗大学的学业，拿到了毕业证书和学位证书，成为一名治疗精神病症的医生。爱情并没有随着毕业季的到来而消失，相反，刚刚毕业的他们就走进了结婚的殿堂。婚后的日子很平淡，两人各自忙碌着自己的工作，偶尔也能有一点小甜蜜。婚后不久她怀孕了，然后顺利地生下了一个女儿。两个人都很欢迎小生命的到来，为这个小家伙准备好了一切。

1956 年，英国军队突然占领了苏伊士运河，希勒米怀着一腔爱国热忱，积极报名参军，投身于抗战的大军中。保家卫国的信念让他在战场上十分英勇，但是战争的残酷却是不可想象的。战友在敌人肆虐的子弹下前赴后继，一个个生命就那么轻易地消失。也许上一秒你还和他谈笑，下一秒就已经阴阳两隔。这样的场景每天都在上演着。侥幸活着回来的希勒米无法摆脱战争给他带来的巨大心理阴影，一直沉浸在痛苦中。偶然的机会，他开始吸食毒品，从此再也戒不掉。这样的变故让这个小家迅速崩溃，两年之后，他们的爱情消耗殆尽，婚姻走向了尽头。

本来，萨达维的思想和行为已经让她家乡的人对她指指点点，这次婚姻的失败，更为那些人增添了谈资。对于婚姻失败，人们都指责她一个人。女性的身份，让她在这个不平等的社会就更加举步维艰。她又一次深深地领悟了这种社会的不公。

后来她邂逅了一位律师，英俊的外貌，受人尊敬的职业，无论从哪个方面看都是优秀的伴侣。他们交往了一段时间以后，就去办理了结婚手续。但是，很多时候恋爱是一回事，结婚又是一回事。萨达维每天都会占用大量时间进行写作。在写作的时候，由于太过于投入，她会忘记所有，连身边的人也会被忽视。时间长了，她的丈夫对她这种状态十分不满。终于有一天，她又因为写作而没有听见丈夫的声音，惹怒了丈夫，矛盾开始爆发。他气势汹汹地打断她的创作，逼问她："你是选择我，还是选择你的写作？"她被丈夫突如其来的愤怒惊呆了，面对丈夫的逼问，缓缓地说："我选择写作。"这样的回答更让丈夫愤怒，他气急败坏地撕毁了她的稿件。她终于意识到这段感情已经不可挽回，于是提出了离婚。但这个决定却让她的丈夫十分震惊。他恨恨地说："离不离婚的决定应该由男人来做，而不是女人。"萨达维没有想到自己当初喜欢的这个绅士原来是一个大男子主义者，一句话把她作为女性的尊严踩到了脚底下。在她因离婚始终得不到同意而万念俱灰时，她选择铤而走险，用手术刀威胁丈夫，才换来了最后的自由。这次离婚后，她化悲伤为动力，以自己为原型，写出了《穿越烈火》这部作品。

或许是因祸得福，爱情上失利的她迎来了事业的蒸蒸日上。1958 年，萨达维被提升为埃及卫生部健康教育司司长。她荣辱不惊，仍笔耕不辍。这一年她创作并发表了小说《女医生回忆录》。这部小说别出心裁，全文没有主人公的名字，只有"我"在叙述。大致讲了埃及的传统宗教礼法对埃及女性的压迫。里面有很多情节讲述的是她小时候的经历，如主人公年幼时看着哥哥出去玩耍，自己却只能做家务。从这本小说里她对主人公感情的描述当中，我们也好像看到了她的第二段婚姻。文里说，那个婚前温柔体贴的男人却在结婚后不见了，明确表示家里的一切包括她都要归他管，而理由则是他是她丈夫。作品的字里行间流露着她对被压迫的女性权益的呼唤。

第三次爱情悄然而至。在她任卫生部健康教育司司长时，她多了一个工作伙伴——她后来的丈夫谢里夫·希塔塔。有缘的是，谢里夫也是一个医生和作家。两个人工作在同一个屋檐下，职业又相同，聚在一起总是有着说不完的话。萨达维关于女性权利、国家政治的左派思想，让谢里夫欣赏不已。更有趣的是，谢里夫曾经因为参加了左翼反对党而被逮捕入狱，这使两个人的心挨得更近。同时谢里夫是个热心人，总是第一个到达办公室，把办公室打扫得干干净净；在萨达维工作时，也会时不时端上一杯热茶。长时间的相处让爱情在两人心中迸发，但是两个人并没有捅破这层窗户纸。有一段时期，萨达维的作品屡受打击，是谢里夫的支持和鼓励让她坚持了下来。相互的理解和关爱使两人的关系终于得到升华，从朋友变为生活伴侣。

1964 年，他们举行了婚礼。接着，儿子的出生为这个家庭带来了更多的欢乐。这是她的第二个孩子。然而她从没有停下脚步。1966 年，她顺利拿到哥伦比亚大学公共卫生硕士学位，1968 年她被《医学协会杂志》聘请为主编，同年她参与创立了阿拉伯人权协会，1972 年她发表了第一部非小说类文学作品《女人和性》……

03

女权主义的时代最强声

萨达维一生都在为女权主义运动奔波，这是她为之奉献了整个生命的事业。对于她来说，男权世界处处都是对女性的压制。敢于表达，敢于反抗是她做出的回应，她用自己微薄的力量，去努力唤醒更多的人加入她的队伍，对这个不平等的社会进行强有力的反击。

她主要通过写作以及社会活动的形式宣扬女性自由、男女平等的思想，并且都取得了斐然的成就。在创作方面，她是一个高质而多产的作家。她的写作题材十分丰富，既有小说、科普文、报告文学，也有新闻专题报告。她的作品多数反映的主题是在殖民统治下，男权社会对女性的压迫和种种不合理的限制，大多的创作灵感来自她自身的经历。

1972 年，萨达维发表了《女人与性》，作品讲述了女性的身体在伊斯兰世界遭受的暴力和压迫。尤其是揭露和痛斥了"女性生殖器切割"的恶习，在非洲掀起了轩然大波。她被卫生部开除，也失去了《医学杂志》主编的工作。事实上，这本书的影响力已经超出了非洲的范围，到达了北美，对"美国第二次妇女解放运动"产生了重要影响。

后来，萨达维以"反国家安全罪"的罪名锒铛入狱。在狱中，她被下令严禁写作。然而条件都是自己创造的，在监狱的地板上，她看见别的犯人写检讨剩下的一根铅笔头，就像发现了珍贵的物品一样，兴奋地弯下腰去拾。没有纸，就用卫生间那已经泛黄的质量低劣的卫生纸当作稿纸。现在纸笔都有了，尽管特别差，但她还是很开心。对她来说，能够把头脑中的灵感记录下来才是最重要的。在昏暗的牢房里，她默默写作的影子在微弱的灯光里摇曳。她十分警惕，一有动静，她都会迅速藏好自己的"工具",生怕被没收。终于她在狱中完成了《女人们在监狱里的回忆》一书。这本书出版后,一时之间风靡阿拉伯社会,人们争相购买、谈论,引起了极大轰动。

1977年,她发表了著名作品《夏娃隐藏的面孔》。在书中她毫不避讳地讨论着性和割礼等隐晦话题,直接把这些对女性的压迫摆放在台面上,揭露它、批判它。1980年,她的作品《夏娃隐藏的面孔》被翻译成英文在西方国家出版,从此她在西方女权主义作家群中声名鹊起。但同时,她的作品也引来了不少反对的声音,尤其是一些阿拉伯人认为她损坏了阿拉伯人在西方人心中的印象。这些好的或者不好的评论,都证明萨达维作品已经在社会中引起了巨大反响。

在社会活动方面,她身体力行,积极出入各种场合宣传女权主义,主动通过自己的人脉关系筹建维护女权的组织,把分散的力量集中到一起。在她的组织下,埃及女性作家协会、阿拉伯妇女团结协会成功创办,都由她担任主席一职。她在埃及成立了第一个合法独立的女权主义机构,她也是阿拉伯人权协会的创办者之一。

女权主义究竟是什么?萨达维在代表作《在零点的女人》中,讲了她对女权主义的看法。通过死刑犯菲尔达乌斯的故事她告诉我们,女性应该追求自己的自由,应该意识到自己的自由不是父权社会赠予的，而是通过自己的努力争取的。而像主人公那样获得自由后仍然一无所有并不是真正的女权主义。所以女权主义并不是有人认为的让女性凌驾于男性之上，这是另一种的不平等，也是对女权主义的歪曲。她们只是在男权社会中通过自身的努力去改变女性的现状，谋求一个相对平等的地位罢了。

在当时的阿拉伯世界中，女性的地位十分低下。在西方世界为妇女得到解放而庆祝之际，阿拉伯世界妇女地位低下的现状在 20 世纪初才被注意到。那么多年以后，阿拉伯的妇女现状究竟怎么样？政治上，女性的一部分权利虽然得到了宪法和法律保护，但是在实践中却存在很多问题。很多阿拉伯的女性政治权利被边缘化，她们的投票权往往掌控在她们的丈夫等男性家庭成员手中。法律成了一纸空文。有些国家的妇女至今也没有获得政治选举权，而参政的女性往往受到人们的质疑，面临限制，人们总是用双重标准衡量她们的业绩。在经济上，根据 1994 年受过高等教育的中东不同国家妇女经济参与率调查数据显示，巴林为 17%，利比亚 9%，科威特 24%，约旦 10%，伊朗 19%，埃及 9%。这是由于观念的滞后造成的：很多中东妇女不是为了就业而学习，因为大部分家庭不允许她们工作。即使就业，她们也多以教师等传统职业为主。《沙特阿拉伯王国的教育政策》明确规定"女子教育的目标在于用健全的伊斯兰方式培养她，使其能够成为成功的主妇和贤妻良母"。萨达维曾经这么说："最解放、最自由的女孩，应该是那些最不需要为性操心的女孩，因为对她们来说，这已经不成为问题。受性压抑的女孩，反倒总是要和男人在性别的问题上周旋。一个最稀松平常的观察便是，受过教育的女性比那些没受过教育的女性更容易远离男人和性的粗鄙，因为她们的生活有许多别的要务。与此同时，这些受过教育的女性会以一种更积极的态度来面对性，体会个中的喜悦。性方面的愉悦满足了，她自然会全心投入生活中的其他方面。对一个独立和聪明的女性来说，性不会占据一个扭曲的比例，而是维持在一定的范围内。"

割礼被认为是非常重要的宗教行为，它是"律法书"中记载的上帝的第一项命令，在《创世记》《使徒行传》中均有关于它的记载，广泛地存在于穆斯林、犹太人、埃塞俄比亚人的生活中。根据研究，人们发现最初进行割礼的工具是石头磨制而成的刀，由此可以知道，割礼这一习俗由来已久，有着深厚的历史。一般说来，割礼是在青春期之前进行。也有的是出生后不久。这种行为不仅会发生在女性身上，也会发生在男性身上。割礼的目的因性别而不同。女性是为了免除其性快感，并且确保女孩在结婚前仍是处女，即使结婚后也会对丈夫忠贞。男性则表示成人。

生活在传统伊斯兰家庭的萨达维，懵懂无知的她6岁时就被进行割礼，这个仪式给她带来了终身的阴影。后来学习医学的她更是明白割礼给女性带来的身体、心理的伤害。

萨达维认为割礼恰恰可以反映出宗教对女性的压迫。她认为宗教是歧视妇女和穷人的，她在《女人和穷人：全球正义的挑战》中说："性别压迫或妇女压迫跟阶级、种族及宗教压迫是分不开的。宗法等级制度向人们传播这样一种观念，那就是，对妇女和穷人的压迫是神法规定的而不是人为的。"她明确地把斗争的矛头指向宗教，说出它们对女性和穷人的种种不公，指出宗教是政府用来统治人们思想的一个工具罢了。她认为所有的宗教激进主义团体，不管怎么变换它的外在形式、宗教教义，都改变不了它们对女性压迫的本质。

她在诸多的作品中，将宗教从神坛上拉了下来，揭露了它不合理的部分，因此她受到了政府的严密监控。为了使她的言论不会随意流传出去，政府下令凡是萨达维的作品都要严格审查，一经发现涉及敏感话题，不予出版。这条命令对萨达维的打击是巨大的，在很长的一段时间内，她为著作出版四处奔波，却总是被拒绝。不能出版的书籍就无法起到宣传思想的作用。萨达维并不气馁，她相信，总会有人不屈服于政府的压力，敢于揭露事实。她为她的作品曾经数次被监禁，但却从来没有因为这些退缩。在她看来，她只是说出真相，这没有任何错。

1982年，萨达维"致力于揭掉阿拉伯妇女心灵上的面纱"，创建了阿拉伯妇女联合会，举办各类国际会议，发行杂志。阿拉伯妇女联合会是埃及首家合法而独立的女权主义者组织，成员有2500多人。由于成名后的萨达维时常受到伊斯兰激进分子的死亡威胁，埃及警方不得不在她的住宅部署警力，严密保护她的安全。1993年她为暂避风险，被迫离开了她的祖国，接受美国大学的邀请，前去任教。直到1996年，她回到埃及，继续用文字和演讲为女权主义而奋斗。

2008年，经过漫长的斗争，萨达维所强烈反对的割礼，这个存在于历史长河中的陋习终于被埃及政府以法律的形式禁止。

04

女性文学的佼佼者

萨达维被誉为中东女性文学以及女性运动的卓越作家之一。《图书馆杂志》称她为"埃及和中东女权主义中最知名的名字"，《华盛顿邮报·书之世界》评论她的作品是"一次对上世纪（20世纪）埃及历史缔造者的感人的驳斥"。

尽管萨达维专修医学，但是她认为医学只能够帮人们解决生理上的病症，却无法解决贫穷、滥权等社会方面的问题只有从思想上让人们增强意识，才能够集中力量去改变不合理的体制。所以她选择了写作，这样可以更好地把她的思想与更多人交流。她虽然没有系统学习过文学知识，但是她把文学的精髓贯彻得很好。她用生活中得到的感悟去创作，她的文字来源于生活又超越生活，所以她的作品质量很高。她以直白的话语去揭露种种社会现象，总能给读者以深刻的启发。她的文字仿佛有一种直击心灵的魔力。读者读完后，会觉得自己就是主人翁。故事背后的力量让她们也不禁鼓起勇气想去做些什么，来改变自己的现状。

在她的众多小说作品中，《在零点的女人》是最具有特色的一部，在这里我们以此书为例浅析萨达维的文学作品。

这部小说的创作出版过程有些小插曲。萨达维为了深入了解底层女性的生存状态，决定去女子监狱进行调查研究。在那里她获得允许，采访了一个特殊的死刑犯菲尔道斯。菲尔道斯在监狱表现得特立独行，她只有在极度困倦饥饿的情况下才会睡觉吃饭。她总是沉默不语，也从不接受任何采访。对死刑犯们纷纷向总统请求签署的免除死刑文件，她也不屑一顾。萨达维刚来到这里时她拒绝了采访，在萨达维准备离开之际，她却突然表示接受访谈。

这个女子向萨达维讲述了自己的故事，她的故事也深深打动了萨达维。回到家后，萨达维迫不及待地把它记述下来，竟然在一个星期之内就写成了这部小说。但是，每一家出版社都拒绝出版这本书。他们认为这本书的内容太过敏感，会给社会带来困扰。对此，她感到愤怒，却无法说服他们。直到 1975 年，这部小说才被黎巴嫩一个出版商接受，得以面见世人。这本小说以真实的故事，犀利的话语，精彩的描写深受读者喜爱，小说所反映的问题引发了讨论，后来它被翻译成多个版本，销往世界各地。

这部小说讲的是，一个出生于穆斯林贫寒家庭中的小女孩菲尔达乌斯，她不懂得为什么那么虔诚信教的父亲总是做着一些不符合教规的行为。她有青梅竹马的小男孩伙伴儿，他们愉快地一起玩耍，快乐地游戏。可是有一天，一位陌生的妇女在母亲的授意下对她进行了割礼，她体验了痛彻心扉的疼。从此她失去了外出游戏的权利。失去父母后，她被叔叔收留，然后上了小学。她本以为日子可以一直这么平淡地过下去，可是不幸总是会在她的生活稍有起色的时候给她重大的打击。小学毕业后，菲尔达乌斯的叔叔娶了婶婶，婶婶挺漂亮，可是看向她的眼神却充满了厌恶。虽然她的学习成绩优异，却不能上大学，因为上大学要花很多钱，还有可能和青年男子接触，那样的话她就不好出嫁。谢赫·马哈茂德，一个 60 多岁的老男人，是叔叔婶婶为她找的丈夫，因为他需要一个温顺的妻子。

不到 19 岁的她有什么能力去反抗这样的命运？出嫁后她好像一个犯人，时时刻刻被丈夫监视着。她的丈夫说，这是为了防止她浪费任何一点东西。有一次，她的丈夫照常检查垃圾桶时，翻出了一小块食物，二话不说对她便是一顿毒打。她跑回了叔叔家，原以为会得到安慰，但叔叔婶婶却告诉她，丈夫殴打妻子是正常的，又把她送了回去。丈夫苛刻的管制、接连不断的殴打让她难以忍受，她逃跑了。身无分文的她获得一家咖啡店老板的青睐，两人开始一起生活。但好景不长，当她想出去工作的时候，咖啡店老板露出本性。她被殴打，受监视，又失去了自由。有一天，女邻居趁着咖啡店老板外出，悄悄地打开房门放她离开。逃亡途中遇到一位鸨母，鸨母说，只要跟着她做妓女便为其提供物质生活条件。但当她无意中偷听到鸨母和嫖客的谈话时，她意识到鸨母也没有地位。她开始了又一次的逃亡。一位年轻的富人与她相遇并且在发生关系后给了她 10 磅钱。她利用这笔钱，在 25 岁时做起了自己的老板。别人说她低贱，所以她决心重新来过，做了办公室文秘。虽然工资比以前低了很多，她却可以挺直腰板。此后她遇到了一段爱情，可是当男方知道她的身世后，离开了她。这个打击让她崩溃，她重操旧业。慢慢地她积攒了一些钱财，嫖客马尔祖克对她丰厚的财产动了心思，强迫她交出大部分收入，并且拿刀挡住她离开的道路。她夺过刀杀了这个嫖客，却因此被判处死刑。

这部小说以一个典型的阿拉伯女性故事反映了千千万万个阿拉伯妇女的生存状态。也许这些内容主要源于阿拉伯世界的女性生活，但对于唤醒全世界女性主体意识的重要性却毋庸置疑。《卫报》对这本书评价道："这本书的核心都在讲选择，女性的选择。当一个女人选择去做某样事情的时候，并不意味着这样的选择就是女权主义的。"毕竟，当最后菲尔达乌斯被放归自由时，她已经失去一切了，这种自由，不过是什么都没了的自由，不该是女权主义的选择。

因为激烈的文字、直白的批判，惹怒了总统的萨达维被关进监狱。一个月后，总统萨达特就遇刺身亡。出狱后的萨达维说："我被逮捕是因为我相信了萨达特。他说我们是多党制，是民主的国家，人民享有言论的自由。于是我开始对他的政策提出批评，而我却就这样被关进了监狱。"简单却饱含嘲讽的话语背后是道不尽的酸楚。出狱后的萨达维越战越勇，她把自己所有的空闲时间都投入到了女权运动和文学创作中。她不再相信当权者，她要发动人民的力量，争取属于女性的权利。

这位誓言战斗到底的勇士，在 2004 年年底产生了一个想法——竞选总统。萨达维首先想到的是，如果自己当上了总统，那么就会有更多的权力去实现女性的解放。她知道自己年事已高，并且一个女性在男权社会中选举总统的希望十分渺茫，可是为了那微小的希望，她觉得值得一试。于是在无数人不看好的情况下，她依然选择参加竞选。她说，还有更多的战斗等着她，她会以最好的姿态来面对一切。

进入耄耋之年的萨达维常穿鲜艳的衣服，她爱穿红色的连衣裙，这与她满头白发形成强烈的对比，正是她张扬个性的最好体现。

这就是萨达维，终其一生都在战斗，用自己瘦弱的身体、微薄的力量，坚持不懈地与庞大的落后的社会、顽固地宗教势力做着斗争。她知道，很多时候好人的沉默是最大的退缩。"我就是要说出我觉得不公平、不合理的东西"，这就是她的态度。她也知道，她能做的很少，但是积水成渊，奇迹会发生，存在了那么久的割礼不是也在她的见证下废除了吗？这就是成果，是她希望的开始。

后　记

　　"一带一路"相关国家众多，代表性人物众多，为中外交好、民心相通作出杰出贡献的人士众多，因此，为"一带一路"璀璨群星立传，既使命光荣，又责任重大。在这项浩大工程的策划、组织、执行过程中，有许许多多的人士参加了有关传主的名单征集和审定，以及写作、翻译、审读、编辑、出版、筹资、联络等繁重而琐细的工作。所有参与的人员，以拳拳报国之心，尽深厚学养之力，克服了时间紧、任务重、要求高、压力大等诸多困难与挑战，最终圆满完成了任务。在本书付梓之际，丛书编委会特向参与本项目的全体同志致以崇高敬意和衷心感谢！

　　同时特别需要鸣谢的是，提出策划并领导实施此项目的中国传记文学学会会长王丽博士，基于长期法律实务经验和担任"一带一路服务机制"主席职务的便利，她对相关国家和走出去的"一带一路"建设者和广大青少年的需求了解真切，提出应当为他们写一套介绍各国典型人物的简明易读的传记，为他们提供健康的精神食粮。她把这项"额外"的工作当成了事业，联袂商会筹集资金、苦口婆心招揽作者、精心挑选传主名录、夙夜青灯挥笔写作、近乎偏执逐字推敲、亲力亲为呕心沥血。面对如此浩大的出版项目和繁重的出版任务，当代世界出版社毅然承担了绝大部分图书的出版任务，而且出版社的领导与中国传记文学学会的负责同志一起协商，寻求有关部门的支持和帮助，努力将该传系打造成高质量的精品好书。在此，我们特向项目牵头人和当代世界出版社相关领导和编辑致以崇高敬意和衷心感谢！

尤其让我们感动的是，在项目执行过程中，一些富有家国情怀的民间商会和企业家的慷慨解囊，虽不足以支撑项目的全部费用，但是他们所表现出的热心和支持，让我们坚定了走下去的信心和决心。在此，我们要特别鸣谢为本书的创作出版做出捐赠支持的中国民营经济国际合作商会、亿阳集团股份有限公司、富通集团有限公司以及太平洋证券股份有限公司，并对他们的拳拳报国之心和慷慨无私帮助致以崇高敬意和衷心感谢！

一项伟大的事业，离不开许多默默无闻的奉献者。在本传系的组织、编写、出版过程中，有历史、文学、科研、外交、教育、法律、翻译、出版等领域的数百位专业人士参与，恕不能在此一一详列。需要特别提出的是，鞠思佳、李嘉慧、景峰等同志为组织联络、搜集资料到处奔波而毫无怨言，唐得阳、唐岫敏、白明亮、谭笑等同志在编写、翻译、编辑、校对过程中的细致与负责让我们感动，赵实、胡占凡、高明光、吴尚之、刘尚军、李岩、王灵桂、李永全、陈小明、许正明、宋志军等同志睿智的指点和专业的帮助让我们避免了走许多弯路。在此，我们特向以上各位同志致以崇高敬意和衷心感谢！

当然，由于我们水平所限，本丛书难免有某些不尽人意之处和瑕疵，敬请学界专家和各位读者不吝赐教，我们将在作品再版之时吸收完善。在此，我们也向各位读者提前表示崇高敬意和深深感谢！

《"一带一路"列国人物传系》编委会

2019 年 3 月 30 日